# 中华人民共和国大事记

## （1949年10月—2019年9月）

中共中央党史和文献研究院

人民出版社

# 目　　录

# 中华人民共和国大事记

（1949 年 10 月—2019 年 9 月）

中共中央党史和文献研究院

**编者按**：新中国的成立，实现了中国从几千年封建专制政治向人民民主的伟大飞跃，是近代以来实现中华民族伟大复兴的里程碑，中华民族发展进步从此开启了新纪元。为庆祝新中国成立 70 周年，突出反映党领导人民探索、开创、坚持和发展中国特色社会主义的伟大实践及其重大理论、制度创新成果，充分展示新中国成立 70 年经济、政治、文化、社会、生态文明建设以及国防和军队、"一国两制"和祖国统一、外交、党的建设等各方面取得的辉煌成就，更加深刻地认识中国共产党、中国人民和中国特色社会主义的伟大力量，动员全党全国各族人民更加紧密地团结在以习近平同志为核心的党中央周围，不忘初心、牢记使命，锐意进取、开拓创新，沿着中国特色社会主义道路，满怀信心继续把新中国巩固好、发展好，为实现"两个一百年"奋斗目标、实现中华民族伟大复兴中国梦而不懈奋斗，中央党史和文献研究院编写了《中华人民共和国大事记（1949 年 10 月—2019 年 9 月）》。现将全文刊发，以飨读者。

# 一九四九年

**10月1日** 中华人民共和国中央人民政府成立。此前，中国人民政治协商会议第一届全体会议于9月21日至30日举行。会议通过起临时宪法作用的《中国人民政治协商会议共同纲领》。《共同纲领》规定，中华人民共和国的国体是工人阶级领导的、以工农联盟为基础的人民民主专政，政体是实行民主集中制的人民代表大会制度。会议还通过《中国人民政治协商会议组织法》《中华人民共和国中央人民政府组织法》。会议决定国都定于北平，北平改名为北京；采用公元纪年；在国歌正式制定前，以《义勇军进行曲》为代国歌；国旗为五星红旗。会议选举毛泽东为中央人民政府主席，朱德、刘少奇、宋庆龄、李济深、张澜、高岗为副主席，陈毅等56人为委员，组成中央人民政府委员会。10月1日下午2时，中央人民政府委员会举行第一次会议，一致决议：接受《共同纲领》为本政府的施政方针，任命周恩来为中央人民政府政务院总理，毛泽东为人民革命军事委员会主席，朱德为人民解放军总司令。下午3时，庆祝中华人民共和国中央人民政府成立典礼在北京天安门广场隆重举行。毛泽东宣告中央人民政府成立。之后，举行盛大阅兵仪式和群众游行。12月2日，中央人民政府委员会第四次会议决定，每年的10月1日为中华人民共和国国庆日。新中国的成立,实现了中国从几千年封建专制政治向人民民主的伟大飞跃,是近代以来实现中华民族伟大复兴的里程碑,中华民族发展进步从此开启了新纪元。

**10月2日** 苏联政府决定同新中国建立外交关系。3日,周恩来复电表示,欢迎立即建立中华人民共和国与苏联之间的外交关系,并互派大使。中苏正式建交。1964年1月27日,中国同法国建交。法国成为第一个与新中国正式建交的西方大国。到2019年9月21日,中国已同179个国家建立了外交关系。

**10月9日** 中国人民政治协商会议第一届全国委员会第一次会议举行。会议选举毛泽东为政协第一届全国委员会主席。

**10月21日** 中央人民政府政务院成立。

**10月22日** 最高人民法院、最高人民检察署成立。1954年,最高人民检察署改名为最高人民检察院。

**10月25日** 中央人民政府海关总署成立。中国海关从此完全掌握在中国人民手中。

**11月9日** 中共中央决定成立中央及各级党的纪律检查委员会,朱德任中央纪律检查委员会书记。

**11月11日** 中国人民解放军空军领导机构成立。在此前后,海军、炮兵等军兵种部队及领导机构先后成立。

**11月21日** 北京市第二届各界人民代表会议通过封闭妓院的决议。之后,全国各地相继采取行动封闭妓院。

**12月2日** 中央人民政府委员会第四次会议决定发行人民胜利折实公债;分别通过省、市、县各界人民代表会议组织通则。地方各级各界人民代表会议先后由各地人民政府召开,代行人民代表大会职权,成为人民代表大会召开前的一种过渡形式。

**12月6日** 政务院文化教育委员会成立办理留学生回国事务委员会。1949年8月至1955年11月,李四光、华罗庚、钱学森等共计1536名高级知识分子从海外回国参加建设。

**12月23日—31日** 第一次全国教育工作会议召开。会议提出教育必须为国家建设服务,学校必须为工农开门。

# 一九五〇年

**1 月 6 日** 北京市军事管制委员会颁发布告,宣布收回在京的外国兵营地产,征用兵营及其他建筑。天津、上海等地也先后收回、征用外国兵营地产。帝国主义国家在中国大陆的驻军权被彻底取消。

**1 月 30 日** 政务院颁布《关于统一全国税政的决定》,决定以《全国税政实施要则》作为今后整理和统一全国税政、税务的具体方案。

**2 月 14 日** 中国同苏联签订《中苏友好同盟互助条约》及有关协定。1949 年 12 月至 1950 年 2 月,毛泽东对苏联进行为期两个多月的访问。

**2 月 24 日** 政务院发布《关于严禁鸦片烟毒的通令》。到 1952 年底,旧中国遗留下来的种植、制造、贩卖、吸食烟毒行为被基本禁绝。

**3 月 3 日** 政务院作出《关于统一国家财政经济工作的决定》,以遏制通货膨胀,稳定物价,实现国家财政收支平衡。

**5 月 1 日** 中共中央发出《关于在全党全军开展整风运动的指示》。遵照这一指示,全党开展以提高干部和一般党员的思想水平和政治水平,克服工作中所犯的错误,克服居功自傲和官僚主义、命令主义,改善党和人民的关系为主要任务的整风运动。同年底,整风运动结束。

**同日** 新中国成立后制定的第一部法律——《中华人民共和国婚姻法》公布施行。婚姻法规定:实行男女婚姻自由、一夫一妻、男女权利平等、保护妇女和子女合法利益的新婚姻制度。

**同日** 人民解放军解放海南岛。新中国成立后,人民解放军向华南、西南、西北等地和沿海岛屿的国民党军队残余力量展开最后的围歼。到1950年6月,解放了除西藏、台湾和部分沿海岛屿以外的广大国土。

**6月6日—9日** 中共七届三中全会召开。毛泽东提交《为争取国家财政经济状况的基本好转而斗争》书面报告,并发表《不要四面出击》讲话。

**6月29日** 中央人民政府公布施行《中华人民共和国工会法》。

**6月30日** 中央人民政府公布施行《中华人民共和国土地改革法》。到1952年底,除部分少数民族地区外,土地改革在中国大陆基本完成,封建土地所有制被彻底摧毁。

**7月28日** 40名基督教代表人物联名发表《中国基督教在新中国建设中努力的途径》宣言,表示拥护《共同纲领》,割断教会同帝国主义的联系,发起自治、自养、自传运动。11月,中国天主教人士发表宣言,开展"三自"爱国运动。

**8月7日—19日** 第一届全国卫生会议召开。会议确定"面向工农兵""预防为主""团结中西医"为新中国卫生工作三大原则。

**9月20日—29日** 第一次全国工农教育会议召开。会议提出"推行识字教育,逐步减少文盲"口号。

**10月上旬** 应朝鲜党和政府的请求,中共中央作出抗美援朝、保家卫国的战略决策。10月8日,毛泽东发布命令,组成中国人民志愿军,彭德怀为司令员兼政治委员。19日,中国人民志愿军进入朝鲜战场。25日,志愿军与敌军遭遇,打响出国作战的第一次战役。全国掀起大规模抗美援朝运动。1953年7月27日,《关于朝鲜军事停战的协定》签署。到1958年10月,中国人民志愿军分三批全部撤出朝鲜回国。

**10月10日** 中共中央发出《关于镇压反革命活动的指示》。到1951年10月底,全国规模的镇压反革命运动基本结束。

**10月14日** 政务院作出《关于治理淮河的决定》。1951年,毛泽东题词"一定要把淮河修好"。到1957年冬,治淮工程初见成效。

**11月3日** 政务院发出《关于加强人民司法工作的指示》,要求在全国范围内逐步建立和健全人民司法制度。

**11月24日** 政务院第六十次政务会议批准《培养少数民族干部试行方案》和《筹办中央民族学院试行方案》。1951年6月11日,中央民族学院开学。

# 一九五一年

**2 月 26 日** 政务院公布《中华人民共和国劳动保险条例》。

**3 月 5 日** 中共中央发出《关于积极推进宗教革新运动的指示》，强调贯彻党的宗教政策，团结宗教界最大多数，发展和巩固全国宗教界的统一战线。

**3 月 28 日—4 月 9 日** 中共中央召开第一次全国组织工作会议。刘少奇作报告和总结。会议通过《关于整顿党的基层组织的决议》。到 1954 年春，整党工作基本结束。

**5 月 23 日** 中央人民政府全权代表和西藏地方政府全权代表在北京签订《关于和平解放西藏办法的协议》（简称"十七条协议"），宣告西藏和平解放。10 月 26 日，人民解放军进藏部队进驻拉萨。

**9 月 20 日—30 日** 中共中央召开全国第一次互助合作会议。会议通过《关于农业生产互助合作的决议（草案）》。会后，农业生产互助合作运动很快开展起来。经过一年多的试点，1953 年 2 月 15 日，中共中央将决议草案通过为正式决议。

**9 月 29 日** 周恩来在北京、天津高等学校教师学习会上作《关于知识分子的改造问题》报告。11 月 30 日，中共中央发出《关于在学校中进行思想改造和组织清理工作的指示》。知识分子思想改造运动广泛开展起来,到1952年秋基本结束。

**12月1日**　中共中央作出《关于实行精兵简政、增产节约、反对贪污、反对浪费和反对官僚主义的决定》。"三反"运动在全国展开,到1952年10月结束。运动中抓住重大典型案件严肃处理,先后任天津地委书记的刘青山、张子善被查处并判处死刑。

# 一九五二年

**1月26日** 中共中央发出《关于首先在大中城市开展"五反"斗争的指示》,要求在全国大中城市向违法的资本家开展反对行贿、反对偷税漏税、反对盗骗国家财产、反对偷工减料和反对盗窃经济情报的斗争。"五反"运动到1952年10月结束。

**4月5日** 治理开发长江的第一个大型工程——荆江分洪第一期工程全面开工。到1978年底,新安江水电站、黄河三门峡水利枢纽、黄河青铜峡水利枢纽、丹江口水利枢纽、黄河刘家峡水利枢纽等一批水利工程陆续建成。

**4月21日** 中央人民政府公布施行《中华人民共和国惩治贪污条例》。

**6月10日** 毛泽东为中华全国体育总会成立大会题词:"发展体育运动,增强人民体质。"1954年1月8日,中共中央批转中央人民政府体育运动委员会党组《关于加强人民体育运动工作的报告》,指出:"改善人民的健康状况,增强人民体质,是党的一项重要政治任务。"

**7月1日** 成渝铁路建成通车。这是新中国成立后完全采用国产材料自行修建的第一条铁路干线。到1978年底,宝成、鹰厦、包兰、兰新、成昆、湘黔等铁路陆续建成。

**8月9日**　中央人民政府公布施行《中华人民共和国民族区域自治实施纲要》，对民族自治地方的建立、自治机关的组成和自治权利等重要问题作出明确规定。此前，成立于1947年5月1日的内蒙古自治政府于1949年12月2日改称内蒙古自治区人民政府。1955年10月1日，新疆维吾尔自治区成立。1958年3月5日，广西僮族自治区成立（1965年10月12日改称广西壮族自治区）。1958年10月25日，宁夏回族自治区成立。1965年9月9日，西藏自治区成立。

**11月15日**　中央人民政府扫除文盲工作委员会成立。群众性的扫盲运动有计划、有步骤地在全国大规模展开。

**年底**　国民经济获得全面恢复和初步增长。工农业总产值810亿元，按可比价格计算，比1949年增长77.6%。

**本年**　全国高等学校进行院系调整。到1953年底，调整工作基本完成。

# 一九五三年

**3月1日** 中央人民政府公布施行《中华人民共和国全国人民代表大会及地方各级人民代表大会选举法》。经过一年多的工作,全国进行基层选举的单位为21.4万余个,登记选民总数为3.23亿多人,全国共选出基层人民代表大会代表566万余名,并逐级召开了地方各级人民代表大会。在此基础上,选举产生出席全国人民代表大会的代表1226名。

**4月3日** 政务院发出《为准备普选进行全国人口调查登记的指示》。以1953年6月30日24时为标准时间,全国开展人口调查登记。翌年11月1日公布调查登记结果,全国人口总数为601938035人。

**5月15日** 中苏两国政府签订《关于苏维埃社会主义共和国联盟政府援助中华人民共和国中央人民政府发展中国国民经济的协定》,规定苏联援助中国建设91个工业项目。加上1950年已确定的50项和1954年增加的15项,共156项,列入"一五"计划。后多次调整,确定154项,实际施工150项。因156项公布在先,仍称"156项工程"。

**6月15日** 中共中央政治局召开会议。会议确定对资本主义工商业实行利用、限制和改造的方针。毛泽东在会上第一次比较完整地阐述了党在过渡时期总路线和总任务的基本内容。12月,中共中央批准中央宣传部《为动员一切力量把我国建设成为一个伟大的社会主义国家而斗争——关于党在过渡时期总路线的学习和宣传提纲》。

**10月16日** 中共中央作出《关于实行粮食的计划收购与计划供应的决议》。11月15日又作出《关于在全国实行计划收购油料的决定》。1954年9月,政务院下达对棉布实行计划收购和计划供应、对棉花实行计划收购的命令。国家对粮食等主要农产品实行统购统销政策,并延续到20世纪80年代中期,之后逐步取消。

**12月7日—翌年1月26日** 全国军事系统党的高级干部会议召开。会议根据毛泽东的指示,明确提出建设优良的现代化的革命军队的总方针总任务。

**12月26日** 鞍山钢铁公司三大工程——大型轧钢厂、无缝钢管厂、七号炼铁炉举行开工生产典礼。到1978年底,武汉钢铁联合企业、包头钢铁公司、攀枝花钢铁公司等钢铁企业陆续建成。

**本年** 我国开始执行发展国民经济的第一个五年计划。到2019年9月,共编制执行十三个五年计划、规划。

# 一九五四年

**2月6日—10日**　中共七届四中全会召开。会议通过《关于增强党的团结的决议》。

**4月15日**　中共中央、中央人民政府人民革命军事委员会颁布新中国成立后第一部《中国人民解放军政治工作条例（草案）》。

**4月26日—7月21日**　周恩来率中国代表团参加讨论和平解决朝鲜问题和恢复印度支那和平问题的日内瓦会议。这是新中国首次作为五大国之一参加重要国际会议。

**6月28日、29日**　周恩来在访问印度、缅甸期间，分别与印度总理尼赫鲁和缅甸总理吴努发表《联合声明》，共同倡导和平共处五项原则。此前，1953 年 12 月 31 日，周恩来在接见参加中印有关问题谈判的印度代表团时首次提出和平共处五项原则。

**6月—9月**　长江、淮河流域发生百年未遇的大水灾。灾区党委和政府迅速动员，组织群众转移，开展以工代赈、生产自救，取得抗洪斗争的胜利。

**7月**　南昌飞机制造厂试制成功初教－5 教练机。到1978 年底，新中国先后试制成功歼－5 型、运－5 型、直－5 型、轰－5 型飞机等。

**9 月 15 日—28 日**　第一届全国人民代表大会第一次会议举行,人民代表大会制度在全国范围内正式实行。会议通过《中华人民共和国宪法》;选举毛泽东为中华人民共和国主席,刘少奇为全国人民代表大会常务委员会委员长;决定周恩来为国务院总理;决定设立国防委员会,毛泽东兼任国防委员会主席。

**9 月 28 日**　中共中央政治局作出《关于成立党的军事委员会的决议》。毛泽东任中央军事委员会主席,彭德怀主持中央军委日常工作。

**10 月 7 日**　新疆军区遵照军委总参谋部 8 月 6 日的批复公布成立新疆军区生产建设兵团。1975 年 3 月,兵团撤销,成立新疆维吾尔自治区农垦总局。1981 年 12 月 3 日,中共中央、国务院、中央军委作出《关于恢复新疆生产建设兵团的决定》。

**12 月 21 日—25 日**　全国政协二届一次会议举行。周恩来作政治报告,指出,由于一届全国人大一次会议已经召开,政协代行全国人大职权的政权机关的作用已经消失,但它本身的统一战线作用仍然存在。会议推举毛泽东为全国政协名誉主席,选举周恩来为主席;通过《中国人民政治协商会议章程》。

**12 月 25 日**　康藏(后改为川藏)公路和青藏公路全线通车。毛泽东题词:"庆贺康藏、青藏两公路的通车,巩固各民族人民的团结,建设祖国!"此后,新藏、滇藏等公路陆续建成。

# 一九五五年

**1 月 18 日** 人民解放军解放一江山岛。2 月 13 日至 26 日,解放大陈岛及外围列岛。至此,浙江沿海岛屿全部解放。

**3 月 21 日—31 日** 中国共产党全国代表会议举行。会议通过《关于成立党的中央和地方监察委员会的决议》以及关于高岗、饶漱石问题的决议等。董必武任中央监察委员会书记。原有的中央及地方各级党的纪律检查委员会撤销。

**4 月 18 日—24 日** 周恩来率中国代表团出席在印度尼西亚万隆举行的有 29 个国家参加的亚非会议。中国代表团本着"求同存异"的方针,同其他与会国家一起,为会议的成功作出贡献,共同倡导形成"万隆精神"。通过这次会议,中国打开了与亚非国家广泛交往的大门。

**5 月 13 日** 周恩来在一届全国人大常委会第十五次扩大会议上作《关于亚非会议的报告》,指出,中国人民愿意在可能的条件下,争取用和平的方式解放台湾。

**7 月 30 日** 一届全国人大二次会议通过《中华人民共和国兵役法》。自 1956 年起,人民解放军由志愿兵役制改为义务兵役制。此前,自 1955 年 1 月起,人民解放军开始实行军官薪金制。

**8 月 31 日** 国务院发布《关于国家机关工作人员全部实

行工资制和改行货币工资制的命令》，对国家机关工作人员生活待遇制度进行重大改革。

**9月** 中国人民解放军开始实行军衔制度。朱德、彭德怀、林彪、刘伯承、贺龙、陈毅、罗荣桓、徐向前、聂荣臻、叶剑英被授予中华人民共和国元帅军衔。到1965年取消军衔制度止，共授元帅10名、大将10名、上将57名、中将177名、少将1360名。

# 一九五六年

**1月14日—20日**　中共中央召开关于知识分子问题的会议。周恩来代表中共中央作《关于知识分子问题的报告》，充分肯定知识分子在社会主义建设中的作用，宣布知识分子的绝大部分已经是工人阶级的一部分，提出制定科学技术发展远景规划的任务，向全国人民发出"向现代科学进军"的号召。毛泽东在会议最后一天讲话，号召全党努力学习科学知识，同党外知识分子团结一致，为迅速赶上世界科学先进水平而奋斗。

**1月15日**　北京各界20多万人在天安门广场举行大会，庆祝北京市农业、手工业全部实现合作化和在全国第一个实现资本主义工商业的全行业公私合营。到本年底，在中国大陆，生产资料私有制的社会主义改造取得决定性胜利。

**1月23日**　中共中央政治局提出《1956年到1967年全国农业发展纲要(草案)》。25日，最高国务会议第六次会议讨论纲要草案。后经多次变动和修改，1960年4月正式通过并公布。

**1月27日**　中共中央发出《关于文字改革工作问题的指示》。28日，国务院第二十三次全体会议通过《国务院关于公布汉字简化方案的决议》《国务院关于推广普通话的指示》。

2月9日，中国文字改革委员会发表《汉语拼音方案（草案）》。

**3月14日** 国务院成立科学规划委员会。12月22日，中共中央同意国务院科学规划委员会党组《关于征求〈1956—1967年科学技术发展远景规划纲要（修正草案）〉意见的报告》。

**4月25日** 毛泽东在中共中央政治局扩大会议上作《论十大关系》报告。报告强调要调动国内外一切积极因素，为建设强大的社会主义国家而奋斗，并初步总结我国社会主义建设经验，提出探索适合中国情况的建设社会主义道路的任务。报告还提出共产党和民主党派"长期共存，互相监督"的方针。

**4月28日** 毛泽东在中共中央政治局扩大会议总结讲话中指出，艺术问题上的百花齐放，学术问题上的百家争鸣，应该成为我们的方针。5月2日，毛泽东在最高国务会议第七次会议上正式提出"百花齐放、百家争鸣"的方针。

**6月30日** 中国第一个自然保护区——广东鼎湖山国家级自然保护区建立。1982年9月25日，第一个国家森林公园——张家界国家森林公园建立。中国逐步建立自然保护区、森林公园、风景名胜区、自然遗产、地质公园、海洋公园等各级各类自然保护地。

**7月13日** 长春第一汽车制造厂试制成功第一批国产"解放"牌载重汽车。1958年5月、8月，第一辆国产"东风"牌轿车和"红旗"牌轿车相继下线。

**9月15日—27日** 中国共产党第八次全国代表大会举

行。大会通过的《关于政治报告的决议》指出：社会主义改造已取得决定性胜利，我国无产阶级同资产阶级之间的矛盾已经基本上解决，几千年来的阶级剥削制度的历史已经基本上结束，社会主义制度已经基本上建立。国内的主要矛盾，已经是人民对于建立先进的工业国的要求同落后的农业国的现实之间的矛盾，已经是人民对于经济文化迅速发展的需要同当前经济文化不能满足人民需要的状况之间的矛盾。党和人民当前的主要任务，就是要集中力量来解决这个矛盾，把我国尽快地从落后的农业国变为先进的工业国。大会着重提出加强执政党建设的问题，通过新修订的《中国共产党章程》。

**9月28日**　中共八届一中全会选举毛泽东为中央委员会主席，刘少奇、周恩来、朱德、陈云为副主席，邓小平为总书记。

# 一九五七年

**1 月**　中央军委扩大会议作出《关于裁减军队数量加强质量的决定》。新中国成立至 1958 年，人民解放军进行数次精简整编，总员额降至 240 万人。

**2 月 27 日**　毛泽东在最高国务会议第十一次（扩大）会议上发表《如何处理人民内部的矛盾》（后改为《关于正确处理人民内部矛盾的问题》）讲话，提出区分和正确处理两类不同性质的社会矛盾，团结全国各族人民发展经济、文化，为建设社会主义事业服务的思想。

**4 月 20 日**　国务院发出《关于消灭血吸虫病的指示》。此前，毛泽东多次提出，必须消灭血吸虫病。

**4 月 25 日**　第一届中国出口商品交易会在广州举行（简称"广交会"）。此后，每年在广州举办春、秋季两次出口商品交易会。自 2007 年起改称中国进出口商品交易会。

**4 月 27 日**　中共中央发出《关于整风运动的指示》。以正确处理人民内部矛盾为主题，以反对官僚主义、宗派主义和主观主义为主要内容的整风运动全面展开。在整风过程中，极少数右派分子乘机向党和新生的社会主义制度发动进攻。6 月，运动的重点开始由党内整风转向反右派。到 1958 年夏季，整风运动和反右派斗争完全结束。对右派分子的进攻进行反击是正确和必要的，但反右派斗争被严重扩大化，把一批知识分子、爱国人士和党内干部错划为"右派分子"，造成了不幸的后果。

**5月15日—25日** 中国新民主主义青年团第三次全国代表大会举行，决定将中国新民主主义青年团改名为中国共产主义青年团。

**5月24日** 国务院第四十九次全体会议通过《水土保持暂行纲要》。

**10月15日** 武汉长江大桥举行通车典礼。这是中国在长江上修建的第一座铁路、公路两用桥梁。

**11月2日—21日** 毛泽东率中国代表团参加十月革命胜利40周年庆典，并出席在莫斯科举行的社会主义国家共产党和工人党代表会议以及各国共产党和工人党代表会议。会议通过《社会主义国家共产党和工人党代表会议宣言》（即《莫斯科宣言》）及《和平宣言》。

**本年** "一五"计划超额完成。"一五"计划取得巨大成就，为我国社会主义工业化奠定了初步基础，为社会主义建设积累了宝贵经验。

# 一九五八年

**4月7日** 中共中央、国务院发出《关于在全国大规模造林的指示》。

**4月22日** 人民英雄纪念碑在天安门广场建成。

**5月5日—23日** 中共八大二次会议举行。会议正式通过"鼓足干劲、力争上游、多快好省地建设社会主义"总路线。会后,"大跃进"运动在全国展开。

**8月17日—30日** 中共中央政治局扩大会议在北戴河召开。会议确定一批工农业生产的高指标。会后,全国很快掀起大炼钢铁和人民公社化运动的高潮,以高指标、瞎指挥、浮夸风和"共产风"为主要标志的"左"倾错误严重泛滥开来。

**9月2日** 中国第一座电视台——北京电视台正式开播。1978年5月1日改称中央电视台。

**9月4日** 中国政府发布《中华人民共和国政府关于领海的声明》。

**11月2日—10日** 毛泽东在郑州召集中央工作会议(即第一次郑州会议)。到1959年7月庐山会议前,中共中央相继召开中共八届六中全会、第二次郑州会议、中共八届七中全会等一系列会议,初步纠正已经察觉到的"大跃进"和人民公社化运动中出现的"左"的错误。

# 一九五九年

**3月28日** 国务院发布《关于解散西藏地方政府的命令》,决定由西藏自治区筹备委员会行使西藏地方政府职权。此前,3月10日,西藏上层反动集团撕毁关于和平解放西藏办法的"十七条协议",发动武装叛乱。20日,人民解放军驻藏部队奉命进行平叛作战。22日,中共中央发出在平叛中实行民主改革的指示。到1960年底,西藏民主改革基本完成,彻底摧毁了政教合一的封建农奴制度,实现百万农奴和奴隶翻身解放。

**4月5日** 容国团获得第二十五届世界乒乓球锦标赛男子单打冠军。这是中国运动员第一次在世界锦标赛中获得冠军。

**4月17日—29日** 全国政协三届一次会议举行。会议推举毛泽东为全国政协名誉主席,选举周恩来为主席。

**4月18日—28日** 二届全国人大一次会议举行。会议选举刘少奇为国家主席,朱德为全国人大常委会委员长,决定周恩来为国务院总理。

**7月2日—8月1日** 中共中央政治局扩大会议在庐山召开。原定议题是总结"大跃进"以来的经验教训,继续纠正"左"的错误,但会议后期错误地发动了对彭德怀等人的批判。8月2日至16日,中共八届八中全会在庐山召开。会后,在全党错误地开展了"反右倾"斗争。

**8月底** 人民大会堂建成。它与同年建成的中国革命历史博物馆、中国人民革命军事博物馆、民族文化宫、全国农业展览馆、北京工人体育场、北京火车站、钓鱼台国宾馆、民族饭店、华侨大厦并称为首都"十大建筑"。

**9月13日—10月3日** 第一届全国运动会在北京举行。

**9月17日** 刘少奇签署发布《中华人民共和国主席特赦令》,首批特赦已改恶从善的蒋介石集团和伪满洲国的战争罪犯等。到1975年3月,共分7批特赦了全部在押战犯并予以公民权。

**9月26日** 中央军委发出《关于军委组成人员的通知》,毛泽东为中央军委主席。

**同日** 中国石油地质勘探工作取得重大成果——发现大庆油田,结束了中国贫油的历史。1960年2月,中共中央决定集中力量在大庆地区进行石油勘探开发大会战。1964年2月5日,中共中央发出《关于传达石油工业部〈关于大庆石油会战情况的报告〉的通知》。"工业学大庆"运动在全国展开。在此前后,中国还开发建设了玉门油矿、胜利油田、大港油田等。

**11月1日** 第一拖拉机制造厂在河南洛阳建成投产。

# 一九六〇年

**1月28日**　中缅两国签订《中华人民共和国政府和缅甸联邦政府关于两国边界问题的协定》《中华人民共和国和缅甸联邦之间的友好和互不侵犯条约》。10月1日，双方签订《中华人民共和国和缅甸联邦边界条约》。这是中国与邻国成功解决边界问题的第一例，为以后解决类似问题树立了良好范例。此后，中国又陆续与尼泊尔、蒙古、巴基斯坦和阿富汗等国签订了边界协定或条约。

**3月22日**　中共中央批转鞍山市委《关于工业战线上的技术革新和技术革命运动开展情况的报告》。毛泽东代中央起草批示，将鞍钢实行的"两参一改三结合"的管理制度称作"鞍钢宪法"，要求在工业战线加以推广。

**5月25日**　中国登山队队员王富洲、贡布（藏族）、屈银华从北坡集体登上世界最高峰珠穆朗玛峰。人类第一次战胜珠峰北坡天险。

**11月3日**　中共中央发出《关于农村人民公社当前政策问题的紧急指示信》，要求坚决纠正农村人民公社的"共产风"。

**11月17日**　国务院第一百零五次全体会议通过《文物保护管理暂行条例》，批准《第一批全国重点文物保护单位名单》。

# 一九六一年

**1月14日—18日**　中共八届九中全会召开。会议正式通过对国民经济实行"调整、巩固、充实、提高"的方针，国民经济转入调整的轨道。毛泽东在全会及此前召开的中央工作会议上发表讲话，号召全党大兴调查研究之风。会后，中央领导同志相继到基层进行调查研究。

**3月15日—23日**　中共中央工作会议在广州召开。会议讨论并通过《农村人民公社工作条例（草案）》（即"农业六十条"），对农村政策进行调整。随后，工业、商业、手工业、科学、教育、文艺领域也进行调整，并相继制定了工作条例。

**4月9日**　中共中央转发中央精简干部和安排劳动力五人小组《关于调整农村劳动力和精简下放职工问题的报告》。到1963年6月，全国共精简职工1887万人，减少城镇人口2600万人。

# 一九六二年

**1月11日—2月7日** 中共中央召开扩大的工作会议（即七千人大会）。会议初步总结"大跃进"中的经验教训，开展批评和自我批评，强调加强民主集中制，切实贯彻调整国民经济的方针，以迅速扭转国民经济困难的局面。

**2月13日** 中共中央发出《关于改变农村人民公社基本核算单位问题的指示》，提出把人民公社基本核算单位由生产大队改为生产队。

**2月21日—23日** 中共中央政治局常委扩大会议在中南海西楼召开。刘少奇主持会议。陈云在讲话中提出克服困难的6条意见。

**3月2日** 周恩来在广州向出席全国科学工作会议及全国话剧、歌剧和儿童剧创作座谈会的代表作《论知识分子问题》报告，重新肯定我国知识分子的绝大多数已经是劳动人民的知识分子，强调在社会主义建设中要发挥科学和科学家的作用。

**6月** 1.2万吨自由锻造水压机在上海研制成功。

**9月14日** 国务院发出《关于积极保护和合理利用野生动物资源的指示》。

**9月24日—27日** 中共八届十中全会召开。会议把社会主义社会一定范围内存在的阶级斗争进一步扩大化和绝对化。

**10 月 20 日** 中国边防部队奉命对印度军队的武装进攻进行自卫反击作战。自 12 月 1 日起,中国边防部队从 1959 年 11 月 7 日双方实际控制线单方面后撤 20 公里,并在实际控制线中方一侧设立民政检查站。

**12 月 14 日** 中共中央作出《关于成立十五人专门委员会的决定》。委员会的主要任务是加强对原子能工业建设和加速核武器研制、试验工作以及核科学技术工作的领导。周恩来任主任。

# 一九六三年

**1月2日** 上海市第六人民医院为一位右手完全断离的病人成功实施世界首例断肢再植手术。

**1月4日** 周恩来将毛泽东提出的对台湾问题的有关原则概括为"一纲四目",通过有关渠道转达给台湾方面。一纲是:台湾必须统一于中国。四目是:(一)台湾回归祖国后,除外交必须统一于中央外,所有军政大权、人事安排等悉委于蒋(介石),陈诚、蒋经国亦悉由蒋意重用;(二)所有军政及建设费用不足之数,悉由中央拨付;(三)台湾的社会改革可以从缓,必俟条件成熟,并征得蒋之同意后进行;(四)互约不派特务,不做破坏对方团结之举。

**2月11日—28日** 中共中央工作会议召开。会议决定在农村开展以"四清"(即清理账目、清理仓库、清理财物、清理工分)为主要内容的社会主义教育运动,在城市开展反对贪污盗窃、反对投机倒把、反对铺张浪费、反对分散主义、反对官僚主义的"五反"运动。到1966年上半年结束。

**3月5日** 《人民日报》刊登毛泽东的题词"向雷锋同志学习"。全国掀起学习雷锋先进事迹的热潮。

**4月6日** 中国向阿尔及利亚派出援外医疗队。这是中国政府向非洲国家派遣的第一支医疗队。

**5 月 27 日** 国务院发布施行《森林保护条例》。

**6 月 14 日** 中共中央发表《关于国际共产主义运动总路线的建议》。9 月 6 日至翌年 7 月 14 日,又连续发表总称为《关于国际共产主义运动总路线的论战》的 9 篇文章(通称"九评")。中苏两党之间的论战达到高潮。1966 年 3 月起,中苏两党关系基本中断。

**11 月 17 日** 毛泽东为河北抗洪抢险斗争展览会题词"一定要根治海河"。到 1973 年 11 月,子牙河、大清河、永定河、北运河及南运河等 5 大河系和徒骇河、马颊河等骨干河道得到普遍治理。

**12 月 2 日** 中共中央、国务院原则批准中央科学小组、国家科学技术委员会党组关于 1963 年—1972 年科学技术发展规划的报告、科学技术发展规划纲要及科学技术事业规划。

**12 月 14 日—翌年 2 月 29 日** 周恩来访问亚非欧 14 国,提出中国处理同阿拉伯国家和非洲国家关系的五项原则及对外经济技术援助八项原则。

# 一九六四年

**2月10日** 《人民日报》发表社论和通讯,介绍山西省昔阳县大寨大队艰苦奋斗、发展生产的事迹。此后,"农业学大寨"运动在全国展开。

**5月15日—6月17日** 中共中央工作会议召开。会议讨论了"三线"建设问题。1965年夏,"三线"建设进入实质性实施阶段。20世纪80年代起,国家对"三线"建设实施全面调整与改造。

**6月—8月** 中央军委在推广郭兴福教学法、开展群众性练兵热潮的基础上,在全军分为18个区举行"比武"大会,毛泽东等党和国家领导人检阅了军事训练汇报表演。

**8月17日** 中共中央、国务院批转国家经济委员会党组《关于试办工业、交通托拉斯的意见的报告》,同意在全国试办12个托拉斯。

**10月2日** 为庆祝中华人民共和国成立15周年,大型音乐舞蹈史诗《东方红》在人民大会堂正式演出。

**10月16日** 中国第一颗原子弹爆炸成功。中国政府发表声明:在任何时候、任何情况下,都不会首先使用核武器。中国掌握核武器,完全是为了防御。

**12月20日—翌年1月5日** 全国政协四届一次会议举

行。会议推举毛泽东为全国政协名誉主席,选举周恩来为主席。

**12月21日—翌年1月4日** 三届全国人大一次会议举行。周恩来在《政府工作报告》中提出:要在不长的历史时期内,把我国建设成为一个具有现代农业、现代工业、现代国防和现代科学技术的社会主义强国。会议选举刘少奇为国家主席,朱德为全国人大常委会委员长,决定周恩来为国务院总理。

# 一九六五年

**4月5日** 河南省林县红旗渠实现总干渠通水。林县人民自力更生、艰苦奋斗,建成"人造天河"红旗渠。

**6月26日** 毛泽东在同医务人员谈话时提出:把医疗卫生工作的重点放到农村去。9月21日,中共中央批转卫生部党委《关于把卫生工作重点放到农村的报告》。到年底,全国城乡医疗卫生网基本形成,相当一部分农村地区实行合作医疗制度。

**7月20日** 前国民党政府"代总统"李宗仁和夫人从海外归来,抵达北京。27日,毛泽东接见李宗仁夫妇。

**9月17日** 中国在世界上首次人工合成结晶牛胰岛素。

**12月31日** 中国自主设计建造的第一艘万吨级远洋货轮"东风"号成功交付。

**年底** 国民经济调整任务全面完成。

# 一九六六年

**2 月 7 日**　新华社播发长篇通讯《县委书记的榜样——焦裕禄》。随后,全国掀起学习焦裕禄的热潮。

**3 月 8 日、22 日**　河北邢台地区相继发生里氏 6.8 级和 7.2 级强烈地震。在中共中央、国务院和中央军委领导下,在全国人民和解放军的大力支援下,灾区人民积极开展抗震救灾工作。

**5 月 4 日—26 日**　中共中央政治局扩大会议召开。会议通过《中国共产党中央委员会通知》(简称"五一六通知")。8 月 1 日至 12 日,中共八届十一中全会召开,作出《中国共产党中央委员会关于无产阶级文化大革命的决定》。这两次会议的召开,是"文化大革命"全面发动的标志。"文化大革命"历经 10 年,使党、国家和人民遭到新中国成立以来最严重的挫折和损失。

**10 月 27 日**　中国成功进行第一颗装有核弹头的地地导弹飞行爆炸。

# 一九六七年

**2月11日、16日**　在中南海怀仁堂由周恩来主持召开的中央碰头会和此前1月19日、20日召开的中央军委碰头会上，谭震林、陈毅、叶剑英、李富春、李先念、徐向前、聂荣臻等对"文化大革命"的错误做法提出强烈批评。这次抗争后来被诬为"二月逆流"而受到压制和打击。

**3月19日**　中央军委作出《关于集中力量执行支左、支农、支工、军管、军训任务的决定》。到1972年8月，人民解放军先后派出指战员280余万人次执行"三支两军"任务。

**6月17日**　中国第一颗氢弹空爆试验成功。

**9月5日**　中国政府和坦桑尼亚、赞比亚两国政府在北京签订关于修建坦桑尼亚—赞比亚铁路的协定。1976年7月14日，坦赞铁路竣工，交接仪式在赞比亚举行。

# 一九六八年

**10 月 13 日—31 日**　中共扩大的八届十二中全会召开。会议对刘少奇作出完全错误的政治结论和组织处理。1969年 11 月 12 日,刘少奇在河南开封含冤逝世。1980 年 2 月,中共十一届五中全会为刘少奇平反昭雪。

**12 月 22 日**　《人民日报》发表毛泽东的指示:"知识青年到农村去,接受贫下中农的再教育,很有必要。"全国掀起知识青年上山下乡的高潮。1978 年 10 月 31 日至 12 月 10 日,国务院召开全国知识青年上山下乡工作会议。会议决定调整政策,逐步缩小上山下乡的范围,有安置条件的城市不再动员下乡。到 1981 年 11 月,城镇知识青年上山下乡运动结束。

**12 月 29 日**　南京长江大桥全面建成通车。这是当时中国自行设计建造的最大的铁路、公路两用桥。

# 一九六九年

**3月**　苏联军队入侵乌苏里江主航道中国一侧的珍宝岛,造成严重流血事件。中国边防部队被迫进行自卫反击作战。

**4月1日—24日**　中国共产党第九次全国代表大会举行。大会肯定了"无产阶级专政下继续革命的理论",使"文化大革命"的错误理论和实践合法化。九大在思想上、政治上和组织上的指导方针都是错误的。

**4月28日**　中共九届一中全会选举毛泽东为中央委员会主席,林彪为副主席。九届中央政治局第一次会议通过中共中央军委名单,毛泽东任主席。

**9月23日**　中国成功进行首次地下核试验。

**10月1日**　中国第一条城市地铁线路——北京地下铁道一期工程正式建成通车。

**10月7日**　新华社报道,中国自行设计制造的第一套全自动长途电话设备生产成功。

# 一九七〇年

**4 月 24 日**　中国第一颗人造地球卫星发射成功。

**12 月 25 日**　中共中央批准兴建长江葛洲坝水利枢纽工程。1988 年 12 月，工程全部建成。

# 一九七一年

**9月13日** 林彪等人外逃叛国,在蒙古人民共和国温都尔汗附近机毁人亡。林彪反革命集团的覆灭,客观上宣告了"文化大革命"理论和实践的失败。

**10月25日** 第二十六届联合国大会以压倒性多数的票数通过2758号决议,恢复中华人民共和国在联合国的一切合法权利,并立即把蒋介石集团的"代表"从联合国及其所属一切机构中驱逐出去。11月15日,中华人民共和国代表团首次出席联合国大会。

**10月** 周恩来在毛泽东支持下主持中央日常工作。之后,周恩来提出批判极左思潮,落实党的各项政策,各方面工作有了明显好转。到1972年12月,调整工作被迫中断。

**12月** 中国自行研制的第一艘导弹驱逐舰交付使用,正式编入军队战斗序列。

# 一九七二年

**2 月 5 日** 中共中央、国务院批准国家计划委员会《关于进口成套化纤、化肥技术设备的报告》。1973 年 1 月 2 日,国家计划委员会提出从国外引进 43 亿美元成套工业设备和单机的方案。

**2 月 21 日—28 日** 美国总统尼克松访问中国。此前,美国乒乓球代表团于 1971 年 4 月应邀访华;美国总统国家安全事务助理基辛格分别于 1971 年 7 月和 10 月两次访华。尼克松访华期间,毛泽东会见尼克松,周恩来同尼克松举行会谈。28 日,中美双方在上海发表《联合公报》,标志两国关系正常化进程的开始。

**9 月 25 日—30 日** 日本国内阁总理大臣田中角荣应邀访问中国,谈判并解决中日邦交正常化问题。毛泽东会见田中角荣,周恩来同田中角荣举行会谈。29 日,中日两国政府发表《联合声明》,宣布即日起建立外交关系。

**11 月 8 日** 第二十七届联合国大会通过决议,将香港、澳门从反殖民主义宣言适用的殖民地名单中删除,明确了香港、澳门不具有殖民地地位。

# 一九七三年

**3 月 29 日** 根据毛泽东的意见,周恩来主持中共中央政治局会议,决定:邓小平正式参加国务院业务组工作,并以国务院副总理身份参加外事活动。12 月 22 日,中共中央发出通知:邓小平参加中央和中央军委的领导工作。

**8 月 5 日—20 日** 国务院召开首次全国环境保护会议,制定《关于保护和改善环境的若干规定(试行草案)》。

**8 月 24 日—28 日** 中国共产党第十次全国代表大会举行。十大继续了九大的"左"倾错误。

**8 月 26 日** 新华社报道,中国第一台每秒钟运算 100 万次的集成电路电子计算机试制成功。

**8 月 30 日** 中共十届一中全会选举毛泽东为中央委员会主席,周恩来、王洪文、康生、叶剑英、李德生为副主席。

**本年** 中国籼型杂交水稻科研协作组袁隆平等人,在世界上首次培育成功强优势的籼型杂交水稻。

# 一九七四年

**1月19日—20日**　中国人民解放军奉命对南越西贡当局军队的武装进攻进行自卫反击作战,胜利保卫了西沙群岛领土。

**4月6日—16日**　邓小平率中国代表团出席联合国大会第六届特别会议。10日,在会上全面阐述毛泽东关于"三个世界"划分的理论和中国的对外政策。

**8月1日**　中央军委发布命令,将中国自行设计制造的第一艘核潜艇命名为"长征一号",正式编入海军战斗序列。人民海军进入拥有核潜艇的新阶段。

# 一九七五年

**1 月 13 日—17 日** 四届全国人大一次会议举行。会议重申四个现代化的目标;选举朱德为全国人大常委会委员长,任命周恩来为国务院总理、邓小平等为副总理。此前,邓小平在 1 月 5 日被任命为中央军委副主席,在 1 月 8 日至 10 日召开的中共十届二中全会上当选为中共中央副主席。

**2 月** 邓小平在毛泽东、周恩来支持下,开始主持国务院日常工作。7 月,开始主持中央日常工作。主持工作期间,对全国各方面的工作进行整顿,收到显著成效。11 月,整顿被迫中断。

**11 月 26 日** 中国成功发射一颗返回式遥感人造地球卫星,并按计划顺利回收,成为继美国、苏联之后第三个掌握卫星回收技术的国家。

# 一九七六年

**1月8日** 周恩来逝世。

**3月下旬—4月5日** 北京、南京等地爆发悼念周恩来、反对"四人帮"的群众运动。4月5日,首都群众在天安门广场的悼念活动被错误地定性为"反革命事件"。

**3月30日—5月22日** 万吨远洋科学调查船"向阳红5号"和"向阳红11号"在太平洋海域成功进行首次远洋科学调查。

**4月7日** 中共中央政治局根据毛泽东提议,任命华国锋为中共中央第一副主席、国务院总理。邓小平被错误地撤销党内外一切职务。

**6月6日** 新华社报道,中国第一座10万吨级现代化深水油港——大连新港建成。

**7月6日** 朱德逝世。

**7月28日** 河北唐山、丰南地区发生里氏7.8级强烈地震,并波及天津、北京等地,24.2万多人罹难,16.4万多人重伤。在中共中央、国务院和中央军委领导下,在全国人民和解放军的大力支援下,灾区群众奋力抗震救灾。

**9月9日** 毛泽东逝世。18日,首都百万群众在天安门广场隆重举行追悼大会。全国各省、自治区、直辖市举行了悼念活动。

**10月6日**　中共中央政治局执行党和人民的意志,采取断然措施,一举粉碎"四人帮"。延续10年之久的"文化大革命"结束。

# 一九七七年

**4 月 10 日** 邓小平致信华国锋、叶剑英和中共中央。针对"两个凡是"的错误观点,指出:我们必须世世代代地用准确的完整的毛泽东思想来指导我们全党、全军和全国人民。5月 3 日,中共中央转发这封信。

**7 月 16 日—21 日** 中共十届三中全会召开。会议通过关于追认华国锋任中共中央主席、中央军委主席的决议,决定恢复邓小平中共中央副主席、中央军委副主席、国务院副总理等职务。

**8 月 12 日—18 日** 中国共产党第十一次全国代表大会举行。大会宣告"文化大革命"已经结束,重申在 20 世纪内把中国建设成为社会主义现代化强国,但未能从根本上纠正"文化大革命"的错误。

**8 月 19 日** 中共十一届一中全会选举华国锋为中央委员会主席,叶剑英、邓小平、李先念、汪东兴为副主席。

**9 月 18 日** 中共中央发出《关于召开全国科学大会的通知》,要求抓紧落实党的知识分子政策,迅速恢复被撤掉的科研机构,恢复科研人员的技术职称,建立考核制度,实行技术岗位责任制。之后,中国科学院破格晋升对"哥德巴赫猜想"研究取得世界领先成就的陈景润为研究员。

**10 月 12 日**　国务院批转教育部《关于 1977 年高等学校招生工作的意见》,决定从本年起,高等学校招生采取自愿报名、统一考试、择优录取的办法,恢复"文化大革命"中被废弃的高考制度。11 月至 12 月,全国约 570 万人参加了由各省、自治区、直辖市分别组织的统一考试,27.3 万人被录取。

# 一九七八年

**2月24日—3月8日** 全国政协五届一次会议举行。会议通过《中国人民政治协商会议章程》,选举邓小平为全国政协主席。

**2月26日—3月5日** 五届全国人大一次会议举行。会议选举叶剑英为全国人大常委会委员长,决定华国锋为国务院总理。

**3月18日—31日** 全国科学大会召开。邓小平在开幕词中强调科学技术是生产力,指出为社会主义服务的脑力劳动者是劳动人民的一部分。大会制定了《1978—1985年全国科学技术发展规划纲要(草案)》。

**4月5日** 中共中央批准中央统战部、公安部《关于全部摘掉右派分子帽子的请示报告》。9月17日,中共中央批转《贯彻中央关于全部摘掉右派分子帽子决定的实施方案》,指出对过去错划了的人,要做好改正工作。到11月,全国摘掉右派分子帽子的工作全部完成。对错划右派的改正工作于1980年基本结束。

**5月10日** 中共中央党校内部刊物《理论动态》第60期发表经胡耀邦审定的《实践是检验真理的唯一标准》一文。11日,《光明日报》以特约评论员名义发表此文。此后,在邓小平领导、支持下,关于真理标准问题的讨论在全国展开,为中共十一届三中全会作了重要的思想准备,对党和国家的历史进程产生了重大而深远的影响。

**7月6日—9月9日** 国务院召开务虚会。会议研究加快四个现代化建设问题,强调要放手利用国外资金,大量引进国外先进技术设备。会议还讨论了经济管理体制改革问题。

**8月12日** 《中日和平友好条约》在北京签订。10月22日至29日,邓小平访问日本。这是新中国成立后中国国家领导人首次访问日本。

**11月10日—12月15日** 中共中央工作会议召开。会议讨论从1979年起把全党工作着重点转移到社会主义现代化建设上来等问题。陈云提出解决历史遗留问题的意见,得到与会者响应。11月25日,中共中央政治局宣布为"天安门事件"等错案平反。12月13日,邓小平发表《解放思想,实事求是,团结一致向前看》讲话,实际上成为随后召开的中共十一届三中全会的主题报告,是开辟新时期新道路的宣言书。

**11月25日** 三北(西北、华北、东北)防护林体系工程建设启动。1990年5月7日,长江中上游防护林体系建设工程全面展开。

**12月16日** 中美公布关于建立外交关系的联合公报,宣布自1979年1月1日起互相承认并建立外交关系。同日,美国宣布于1979年1月1日断绝同台湾当局的所谓"外交关系"。

**12月18日—22日** 中共十一届三中全会举行。全会批判了"两个凡是"的错误方针,充分肯定必须完整地、准确地掌握毛泽东思想的科学体系,高度评价关于实践是检验真理的唯一标准问题的讨论;果断地停止使用"以阶级斗争为纲"的口号,作出把党和国家工作中心转移到经济建设上来、实行改革开放的历史性决策;决定健全党的民主集中制,加强党的领导机构,成立中央纪律检查委员会,选举陈云为中央纪委第一书记。全会标志着中国共产党重新确立了马克思主义的思想路线、政治路线和组织路线,实现新中国成立以来党的历史上具有深远意义的伟大转折,开启了改革开放和社会主义现代化的伟大征程。

**12 月 23 日** 上海宝山钢铁总厂举行动工典礼。到 1985 年 11 月、1992 年 4 月,一期、二期工程建成投产。2001 年 5 月,三期工程通过竣工验收。

# 一九七九年

**1月1日** 全国人大常委会发表《告台湾同胞书》，郑重宣示争取祖国和平统一的大政方针。同日，国防部长徐向前发表声明，即日起停止对金门等岛屿的炮击。两岸关系由此揭开新篇章。

**1月18日—4月3日** 党的理论工作务虚会召开。3月30日，邓小平在会上发表《坚持四项基本原则》讲话。强调，必须在思想政治上坚持社会主义道路，坚持无产阶级专政（后表述为人民民主专政），坚持共产党的领导，坚持马列主义、毛泽东思想。这四项基本原则是实现四个现代化的根本前提。

**1月31日** 中共中央、国务院决定在广东蛇口建立全国第一个对外开放工业区——蛇口工业区。

**2月17日—3月16日** 中国边防部队实施对越自卫反击战。

**4月5日—28日** 中共中央召开工作会议，决定对国民经济实行"调整、改革、整顿、提高"的方针。此前，3月14日，陈云和李先念联名给中共中央写信，提出对国民经济进行调整的建议。

**6月15日** 邓小平在全国政协五届二次会议上讲话，明确指出，新时期统一战线和人民政协的任务，就是要调动一切积极因素，努力化消极因素为积极因素，团结一切可以团结的力量，同心同德，群策群力，维护和发展安定团结的政治局面，为把我国建设成为现代化的社会主义强国而奋斗。10月19日，在对各民主党派和全国工商联代表讲话时指出，统一战线已经发展成为全体社会主义劳动者、拥护社会主义的爱国者和拥护祖国统一的爱国者的最广泛的联盟。

**7月1日**　五届全国人大二次会议通过《关于修正〈中华人民共和国宪法〉若干规定的决议》和《中华人民共和国刑法》《中华人民共和国刑事诉讼法》《中华人民共和国中外合资经营企业法》等7部法律。

**7月15日**　中共中央、国务院批转广东省委、福建省委关于对外经济活动实行特殊政策和灵活措施的两个报告，同意在深圳、珠海、汕头和厦门试办出口特区。1980年5月16日，中共中央、国务院批转《广东、福建两省会议纪要》，正式将出口特区改称为经济特区。8月26日，五届全国人大常委会第十五次会议批准国务院提出的《广东省经济特区条例》。

**9月13日**　五届全国人大常委会第十一次会议原则通过《中华人民共和国环境保护法（试行）》。1983年12月31日，国务院召开第二次全国环境保护会议，明确提出环境保护是我国的一项基本国策。1989年12月26日，七届全国人大常委会第十一次会议通过《中华人民共和国环境保护法》。

**10月30日**　邓小平在中国文学艺术工作者第四次代表大会上致祝词，指出要在建设高度物质文明的同时，建设高度的社会主义精神文明。

# 一九八〇年

**1 月 16 日**　邓小平在中共中央召集的干部会议上发表《目前的形势和任务》讲话,提出反对霸权主义、维护世界和平,台湾归回祖国、实现祖国统一,加紧四个现代化建设三大任务。

**2 月 29 日**　中共十一届五中全会通过《关于党内政治生活的若干准则》。

**3 月 14 日—15 日**　中共中央召开西藏工作座谈会,提出有计划有步骤地使西藏兴旺发达、繁荣富裕起来。

**4 月 17 日**　中国恢复在国际货币基金组织的合法席位。

**5 月 15 日**　中国恢复在世界银行的合法席位。

**5 月 18 日**　中国向太平洋预定海域发射第一枚运载火箭获得圆满成功。

**8 月 18 日**　邓小平在中共中央政治局扩大会议上发表《党和国家领导制度的改革》讲话,指出领导制度、组织制度问题更带有根本性、全局性、稳定性和长期性,对现行制度存在的各种弊端必须进行改革。

**9 月 2 日**　国务院批转国家经委《关于扩大企业自主权试点工作情况和今后意见的报告》,要求从 1981 年起把扩大企业自主权的工作在国营工业企业中全面推开。

**9月10日**　五届全国人大三次会议通过《中华人民共和国中外合资经营企业所得税法》《中华人民共和国个人所得税法》,决定赵紫阳为国务院总理。

**9月25日**　中共中央发出《关于控制我国人口增长问题致全体共产党员、共青团员的公开信》,提倡一对夫妇只生育一个孩子。1982年9月,中共十二大把实行计划生育确立为中国的一项基本国策。2013年11月,中共十八届三中全会决定启动实施一方是独生子女的夫妇可生育两个孩子的政策。2015年10月,中共十八届五中全会决定全面实施一对夫妇可生育两个孩子政策。

**11月**　陈云在中央纪律检查委员会召开的第三次贯彻《关于党内政治生活的若干准则》座谈会期间指出,执政党的党风问题是有关党的生死存亡的问题,党风问题必须抓紧搞,永远搞。

# 一九八一年

**2月25日**　全国总工会、共青团中央等9单位联合向全国人民特别是青少年发出倡议,开展以讲文明、讲礼貌、讲卫生、讲秩序、讲道德和心灵美、语言美、行为美、环境美为主要内容的"五讲四美"文明礼貌活动。1982年中共十二大以后,许多地方开展了热爱祖国、热爱社会主义、热爱党的"三热爱"活动。它与原来的"五讲四美"活动,汇合成一个"五讲四美三热爱"的统一的活动。

**6月27日**　中共十一届六中全会通过《关于建国以来党的若干历史问题的决议》,对新中国成立32年来党的重大历史事件特别是"文化大革命"作出正确总结,实事求是地评价毛泽东的历史地位,科学论述毛泽东思想作为党的指导思想的伟大意义。29日,全会选举胡耀邦为中央委员会主席,邓小平为中央军委主席。

**8月27日—9月25日**　全军高级干部集训,重点研究战争初期方面军防御战役的组织与实施。其间,北京军区在华北地区组织方面军防御战役演习。邓小平在演习结束后举行的阅兵式上讲话指出,必须把我军建设成为一支强大的现代化、正规化的革命军队。

**9月30日**　全国人大常委会委员长叶剑英向新华社记

者发表谈话,进一步阐述关于台湾回归祖国、实现祖国和平统一的九条方针政策。

**10 月 17 日** 中共中央、国务院作出《关于广开门路,搞活经济,解决城镇就业问题的若干决定》。

**11 月 7 日—16 日** 中国女排在日本大阪举行的第三届世界杯女子排球赛上七战七捷,首次获得世界冠军。到 1986 年,中国女排在世界杯、世界锦标赛和奥运会上 5 次蝉联世界冠军。

# 一九八二年

**1月1日**　中共中央批转《全国农村工作会议纪要》,肯定包产到户等各种生产责任制都是社会主义集体经济的生产责任制。1982 年至 1986 年,中共中央就农业和农村问题连续发出 5 个一号文件。

**1月11日**　邓小平会见美国华人协会主席李耀滋,首次提出"一个国家,两种制度"概念。1983 年 6 月 26 日,会见美国新泽西州西东大学教授杨力宇,进一步阐述了有关大陆和台湾和平统一的六条方针。

**2月20日**　中共中央作出《关于建立老干部退休制度的决定》。

**3月31日**　中共中央印发《关于我国社会主义时期宗教问题的基本观点和基本政策》。

**4月13日**　中共中央、国务院作出《关于打击经济领域中严重犯罪活动的决定》。

**8月17日**　中美两国政府就分步骤直到最终彻底解决美国向台湾出售武器问题发表《中华人民共和国和美利坚合众国联合公报》(通称八一七公报)。

**9月1日—11日**　中国共产党第十二次全国代表大会举行。邓小平在致开幕词时提出,把马克思主义的普遍真理同我国的具体实际结合起来,走自己的道路,建设有中国特色的社会主义。大会通过的报告《全面开创社会主义现代化建设的新局面》,提出分两步走,在 20 世纪末实现工农业年总产值翻两番的目标。大会通过新的《中国共产党章程》。大会决定设立中央顾问委员会。

**9 月 12 日—13 日** 中共十二届一中全会选举胡耀邦为中央委员会总书记,决定邓小平为中央军委主席,批准邓小平为中央顾问委员会主任,批准陈云为中央纪委第一书记。

**9 月 24 日** 邓小平会见英国首相撒切尔夫人,阐述中国政府对香港问题的基本立场。

**10 月 12 日** 我国首次以潜艇从水下向预定海上目标区发射运载火箭获得成功。

**12 月 4 日** 五届全国人大五次会议通过并公布施行经全面修改后的《中华人民共和国宪法》。这是中华人民共和国的现行宪法。规定,加强人民代表大会制度,扩大全国人大常委会的职权;恢复设立国家主席;国家设立中央军事委员会,中央军事委员会实行主席负责制;国务院实行总理负责制;国家在必要时得设立特别行政区;改变农村人民公社"政社合一"的体制,设立乡政权;在宪法序言中明确人民政协的性质、作用。此后,为适应改革开放和社会主义现代化建设的需要,我国分别于 1988 年、1993 年、1999 年、2004 年、2018 年先后 5 次对宪法进行修改。

# 一九八三年

**4月5日** 中国人民武装警察部队总部在北京成立。

**4月24日** 国务院批转财政部制定的《关于国营企业利改税试行办法》,将国营企业原来给国家上缴利润的办法,改为按国家规定的税种和税率向国家缴纳税金。

**6月4日—22日** 全国政协六届一次会议举行。会议选举邓颖超为全国政协主席。

**6月6日—21日** 六届全国人大一次会议举行。会议选举李先念为国家主席,彭真为全国人大常委会委员长,邓小平为国家中央军委主席,决定赵紫阳为国务院总理。

**8月25日** 中共中央发出《关于严厉打击刑事犯罪活动的决定》。

**10月1日** 邓小平为景山学校题词:"教育要面向现代化,面向世界,面向未来。"

**10月11日** 中共十二届二中全会通过《关于整党的决定》,决定用三年时间分期分批对党的作风和党的组织进行一次全面整顿。这次整党到1987年5月基本结束。

**10月12日** 中共中央、国务院发出《关于实行政社分开建立乡政府的通知》。此后,建立乡、镇政府和各种合作经济形式的工作在全国展开,人民公社体制废除。

**12 月 6 日**　由中国人民解放军国防科技大学研制成功的中国第一台亿次巨型计算机——"银河–I"计算机在长沙通过国家鉴定,填补了国内巨型计算机研制的空白。

# 一九八四年

**1月22日—2月17日** 邓小平视察深圳、珠海、厦门3个经济特区和上海,充分肯定试办经济特区和对外开放的决策。

**2月** 中央组织内地9省市为西藏援建43项重点工程。

**3月12日** 六届全国人大常委会第四次会议通过《中华人民共和国专利法》。

**4月8日** 中国首次成功发射试验通信卫星东方红二号,成为世界上第五个掌握卫星通信能力的国家。

**5月4日** 中共中央、国务院批转《沿海部分城市座谈会纪要》,决定进一步开放天津、上海、大连、秦皇岛、烟台、青岛、连云港、南通、宁波、温州、福州、广州、湛江和北海14个沿海港口城市,并提出逐步兴办经济技术开发区。

**5月16日** 国务院批转农牧渔业部、国家计委等部门《关于进一步开展土地资源调查工作的报告》。第一次全国土地调查启动,到1997年底结束。2007年7月1日,第二次全国土地调查全面启动,于2009年完成。2018年1月,第三次全国土地调查全面启动。

**5月31日** 六届全国人大二次会议通过《中华人民共和国民族区域自治法》。2001年2月28日,九届全国人大常委会第二十次会议通过修订后的《中华人民共和国民族区域自治法》，明确规定民族区域自治是国家的一项基本政治制度。

**7月28日—8月12日**　中国体育代表团参加在美国洛杉矶举行的第23届奥运会，实现中国在奥运会金牌榜上"零"的突破。这是1979年11月26日中国奥委会在国际奥委会中的合法权利得到恢复后，首次派体育代表团参加奥运会。

**10月1日**　首都举行庆祝中华人民共和国成立35周年阅兵仪式和群众游行。邓小平检阅受阅部队并发表讲话。

**10月20日**　中共十二届三中全会通过《关于经济体制改革的决定》，规定以城市为重点的经济体制改革的任务、性质和各项方针政策；提出社会主义经济是公有制基础上的有计划的商品经济。

**12月3日**　中共中央、国务院作出《关于严禁党政机关和党政干部经商、办企业的决定》。

**12月19日**　中英两国政府在北京正式签署《中华人民共和国政府和大不列颠及北爱尔兰联合王国政府关于香港问题的联合声明》，中国政府声明决定于1997年7月1日对香港恢复行使主权。

# 一九八五年

**1月1日**　中共中央、国务院印发《关于进一步活跃农村经济的十项政策》，决定改革农产品统购派购制度，从1985年起实行合同定购和市场收购。

**1月21日**　六届全国人大常委会第九次会议通过议案，确定每年9月10日为我国教师节。

**2月18日**　中共中央、国务院批转《长江、珠江三角洲和闽南厦漳泉三角地区座谈会纪要》，决定在长江三角洲、珠江三角洲和厦漳泉三角地区开辟沿海经济开放区。1988年3月18日，国务院发出《关于扩大沿海经济开放区范围的通知》，决定新划入沿海开放区140个市、县，包括杭州、南京、沈阳3个省会城市。此后，国务院又相继决定开放了一批沿江、沿边、内陆和省会城市，形成了多层次、多渠道、全方位开放格局。

**2月20日**　中国第一个南极考察站——长城站在南极乔治王岛建成。此后，我国又陆续建成南极中山站、昆仑站、泰山站。

**3月4日**　邓小平在会见外宾时指出，现在世界上真正大的问题，带全球性的战略问题，一个是和平问题，一个是发展问题。和平问题是东西问题，发展问题是南北问题。概括起来，就是东西南北四个字。南北问题是核心问题。

**3月13日** 中共中央作出《关于科学技术体制改革的决定》，提出经济建设必须依靠科学技术、科学技术工作必须面向经济建设的战略方针。

**4月1日** 中国开始实行出口退税制度。

**5月23日—6月6日** 中央军委召开扩大会议。邓小平在会上宣布：中国人民解放军减少员额100万。会议作出军队建设指导思想实行战略性转变的重大决策。

**5月27日** 中共中央作出《关于教育体制改革的决定》。阐明教育体制改革的措施、步骤和目的，提出有步骤地实行九年制义务教育，大力发展职业技术教育，改革高等学校招生计划和毕业生分配制度，扩大高等学校办学自主权。

**5月** 中共中央、国务院批准实施旨在依靠科学技术促进农村经济发展的"星火计划"。

**6月9日—15日** 首次全国法制宣传教育工作会议通过《关于向全体公民基本普及法律常识的五年规划》。到2018年，共实施7个五年普法规划。

# 一九八六年

**3月5日** 邓小平对王大珩、王淦昌、杨嘉墀、陈芳允四位科学家提出的关于跟踪研究外国高技术发展的建议作出批示。11月18日,中共中央、国务院转发《高技术研究发展计划纲要》。这个计划因邓小平首次批示的时间为1986年3月,又称"八六三计划"。

**4月12日** 六届全国人大四次会议通过《中华人民共和国民法通则》《中华人民共和国义务教育法》《中华人民共和国外资企业法》。

**7月8日** 中国国内卫星通信网正式建成。

**7月12日** 国务院发布《国营企业实行劳动合同制暂行规定》《国营企业招用工人暂行规定》《国营企业辞退违纪职工暂行规定》《国营企业职工待业保险暂行规定》。这是新中国成立以来劳动制度的一次重大改革。

**8月10日** 解放军总参谋部、总政治部、总后勤部发出通知,规定预备役部队正式列入人民解放军建制序列。

**9月28日** 中共十二届六中全会通过《关于社会主义精神文明建设指导方针的决议》,阐明社会主义精神文明建设的战略地位、根本任务和基本指导方针。

**12月2日** 六届全国人大常委会第十八次会议通过《中

华人民共和国企业破产法(试行)》。2006 年 8 月 27 日,十届全国人大常委会第二十三次会议通过《中华人民共和国企业破产法》。

**12 月 5 日**　国务院作出《关于深化企业改革增强企业活力的若干规定》。

**12 月 30 日**　邓小平在同几位中央负责同志谈话时指出,要旗帜鲜明地坚持四项基本原则,反对资产阶级自由化。1987 年 1 月 28 日,中共中央发出《关于当前反对资产阶级自由化若干问题的通知》。

# 一九八七年

**4月13日**　中葡两国政府在北京正式签署《中华人民共和国政府和葡萄牙共和国政府关于澳门问题的联合声明》，确认中国政府于1999年12月20日对澳门恢复行使主权。

**4月17日**　中共中央、国务院批转中央统战部、国家民委《关于民族工作几个重要问题的报告》，阐述新时期民族工作总的指导思想和根本任务。

**10月16日**　国务院办公厅公布有关接待探亲台胞的办法。11月2日，第一批探亲台胞经香港赴大陆。至此，长达38年之久的两岸同胞隔绝状态被打破，两岸关系进入新阶段。

**10月25日—11月1日**　中国共产党第十三次全国代表大会举行。大会通过的报告《沿着有中国特色的社会主义道路前进》，阐述社会主义初级阶段理论，提出党在社会主义初级阶段的基本路线，制定到21世纪中叶分三步走、实现现代化的发展战略。大会通过《中国共产党章程部分条文修正案》。

**11月2日**　中共十三届一中全会选举赵紫阳为中央委员会总书记，决定邓小平为中央军委主席，批准陈云为中央顾问委员会主任，批准乔石为中央纪委书记。

**11 月 24 日**　六届全国人大常委会第二十三次会议通过《中华人民共和国村民委员会组织法(试行)》。1998 年 11 月 4 日,九届全国人大常委会第五次会议通过《中华人民共和国村民委员会组织法》。

**12 月 1 日**　深圳经济特区启动全国首次国有土地使用权拍卖。

# 一九八八年

**2月25日** 国务院印发《关于在全国城镇分期分批推行住房制度改革的实施方案》。1994年7月18日,国务院印发《关于深化城镇住房制度改革的决定》,住房供应管理逐步由单位化向社会化、专业化改变。1998年7月3日,国务院印发《关于进一步深化城镇住房制度改革加快住房建设的通知》,提出停止住房实物分配,逐步实行住房分配货币化。

**3月14日** 人民解放军海军进行南沙群岛自卫还击作战。

**3月24日—4月10日** 全国政协七届一次会议举行。会议选举李先念为全国政协主席。

**3月25日—4月13日** 七届全国人大一次会议举行。会议决定设立海南省、建立海南经济特区;批准国务院机构改革方案,此后第一次对各部门进行"定职能、定机构、定编制"的"三定"工作。会议选举杨尚昆为国家主席,万里为全国人大常委会委员长,邓小平为国家中央军委主席,决定李鹏为国务院总理。

**4月27日** 中央军委颁发《中国人民解放军文职干部暂行条例》。2005年6月23日,国务院、中央军委颁发《中国人民解放军文职人员条例》,决定在全军实行文职人员制度。

2017年9月27日,国务院、中央军委颁发新修订的《中国人民解放军文职人员条例》。

**7月1日** 七届全国人大常委会第二次会议通过《中国人民解放军军官军衔条例》,人民解放军实行新的军衔制。12月17日,《中国人民武装警察部队实行警官警衔制度的具体办法》发布,武警部队实行警官警衔制度。

**8月** 国务院批准实施旨在发展高新技术产业的"火炬计划"。

**9月5日** 邓小平在会见外宾时指出,马克思说过,科学技术是生产力,事实证明这话讲得很对。依我看,科学技术是第一生产力。

**同日** 七届全国人大常委会第三次会议通过《中国人民解放军现役军官服役条例》。2000年12月28日,九届全国人大常委会第十九次会议通过《中华人民共和国现役军官法》。

**9月12日** 邓小平在听取工作汇报时,提出"两个大局"思想。指出,沿海地区要加快对外开放,使这个拥有两亿人口的广大地带较快地先发展起来,从而带动内地更好地发展,这是一个事关大局的问题。内地要顾全这个大局。反过来,发展到一定的时候,又要求沿海拿出更多力量来帮助内地发展,这也是个大局。那时沿海也要服从这个大局。

**9月14日—27日** 中国自行研制的导弹核潜艇在东海海域进行水下发射运载火箭试验并取得成功。

**9月23日** 国务院、中央军委颁布《中国人民解放军现役士兵服役条例》,确定实行新的士兵军衔制度,志愿兵的军衔称士官。1993 年 4 月 27 日、1999 年 6 月 30 日、2010 年 7 月 26 日,国务院、中央军委先后 3 次修订《中国人民解放军现役士兵服役条例》。

**10 月 16 日**　中国第一座高能加速器——北京正负电子对撞机对撞成功。

# 一九八九年

**春夏之交** 北京和其他一些城市发生政治风波,党和政府依靠人民,旗帜鲜明地反对动乱,平息在北京发生的反革命暴乱,捍卫了社会主义国家政权,维护了人民的根本利益,保证了改革开放和社会主义现代化建设继续前进。6月9日,邓小平在接见首都戒严部队军以上干部时指出,北京发生的政治风波是国际的大气候和中国自己的小气候所决定的,强调党的十一届三中全会以来制定的基本路线、方针、政策和发展战略是正确的,要坚定不移地干下去。

**5月16日** 邓小平会见来访的苏联最高苏维埃主席团主席、苏共中央总书记戈尔巴乔夫,中苏关系实现正常化。

**6月16日** 邓小平在同几位中央负责同志谈话时指出,任何一个领导集体都要有一个核心,没有核心的领导是靠不住的。并指出,我们要一手抓改革开放,一手抓惩治腐败,把这两件事结合起来。

**6月23日—24日** 中共十三届四中全会举行。全会通过《关于赵紫阳同志在反党反社会主义的动乱中所犯错误的报告》,选举江泽民为中央委员会总书记。24日,江泽民在全会上讲话指出,在对待党的十一届三中全会以来的路线和基本政策这个最基本的问题上,要明确两句话:一句是坚定不移,毫不动摇;一句是全面执行,一以贯之。

**10月30日** 共青团中央和中国青少年发展基金会宣布,通过社会集资,建立救助贫困地区失学少年基金,资助品学兼优而又因家庭困难失学的孩子,实施希望工程。

**10月** 中共中央政治局常委会会议专题研究西藏工作,形成了关于西藏工作的十条意见,为西藏的建设和发展指明了方向。

**11月6日—9日** 中共十三届五中全会召开。全会同意邓小平辞去中央军委主席职务,决定江泽民为中央军委主席。

**12月30日** 中共中央制定《关于坚持和完善中国共产党领导的多党合作和政治协商制度的意见》,指出"长期共存、互相监督、肝胆相照、荣辱与共"是中国共产党同各民主党派合作的基本方针,明确中国共产党领导的多党合作和政治协商制度是我国一项基本政治制度。

# 一九九〇年

**4月4日** 七届全国人大三次会议通过《中华人民共和国香港特别行政区基本法》《全国人民代表大会关于〈中华人民共和国香港特别行政区基本法〉的决定》《全国人民代表大会关于设立香港特别行政区的决定》。

**4月12日** 中共中央政治局会议原则通过国务院提交的浦东开发开放方案。上海浦东新区成为我国首个国家级新区。此后，天津滨海、重庆两江等新区陆续批复设立。到2018年底，全国共设立19个国家级新区。

**4月** 中国政府首次向联合国停战监督组织派遣5名军事观察员，开启中国参加联合国维和行动的序幕。1992年4月，中国政府首次向联合国柬埔寨临时权力机构派出400人的维和工程兵大队，开创我军成建制参加联合国维和行动的先河。

**7月** 中共中央、国务院决定给作出突出贡献的专家、学者、专业技术人员发放政府特殊津贴，启动实施政府特殊津贴制度。

**9月1日** 中国大陆兴建最早的高速公路——沈大高速公路(沈阳至大连)正式通车。到2018年底，全国高速公路通车里程突破14万公里。

**9 月 22 日—10 月 7 日**　第十一届亚洲运动会在北京举行。这是中国首次承办的综合性国际体育大赛。

**11 月 26 日**　新中国成立以来在中国大陆开业的第一家证券交易所——上海证券交易所正式成立。12 月 19 日,上海证券交易所正式开业。1991 年 7 月 3 日,深圳证券交易所正式开业。

**12 月 1 日**　江泽民在全军军事工作会议上提出"政治合格、军事过硬、作风优良、纪律严明、保障有力"的军队建设"五句话"总要求。

# 一九九一年

**3月6日** 国务院发出《关于批准国家高新技术产业开发区和有关政策规定的通知》。决定继 1988 年批准北京市新技术产业开发试验区之后,在各地已建立的高新技术产业开发区中,再选定武汉东湖新技术开发区等 26 个开发区作为国家高新技术产业开发区。到 2018 年底,共建成 169 个国家高新技术产业开发区(含苏州工业园区)。

**6月26日** 国务院作出《关于企业职工养老保险制度改革的决定》。1997 年 7 月 16 日,国务院作出《关于建立统一的企业职工基本养老保险制度的决定》。2005 年 12 月 3 日,国务院作出《关于完善企业职工基本养老保险制度的决定》。

**11月29日** 中共十三届八中全会通过《关于进一步加强农业和农村工作的决定》。指出,要把以家庭联产承包为主的责任制、统分结合的双层经营体制作为我国乡村集体经济组织的一项基本制度长期稳定下来,并不断充实完善。

**12月15日** 中国第一座自行设计、自行建造的核电站——秦山核电站并网发电。

# 一九九二年

**1月18日—2月21日** 邓小平视察武昌、深圳、珠海、上海等地并发表谈话,明确回答长期困扰和束缚人们思想的许多重大认识问题。指出,坚持党的十一届三中全会以来的路线、方针、政策,关键是坚持"一个中心、两个基本点",基本路线要管一百年;判断姓"社"姓"资"的标准,应该主要看是否有利于发展社会主义社会的生产力,是否有利于增强社会主义国家的综合国力,是否有利于提高人民的生活水平;要抓住时机,发展自己,发展才是硬道理。特别强调,计划多一点还是市场多一点,不是社会主义与资本主义的本质区别。社会主义的本质,是解放生产力,发展生产力,消灭剥削,消除两极分化,最终达到共同富裕。这次谈话是把改革开放和现代化建设推进到新阶段的又一个解放思想、实事求是的宣言书。

**2月25日** 七届全国人大常委会第二十四次会议通过《中华人民共和国领海及毗连区法》。

**3月8日** 国务院颁布《国家中长期科学技术发展纲领》。

**10月12日—18日** 中国共产党第十四次全国代表大会举行。大会通过的报告《加快改革开放和现代化建设步伐,夺取有中国特色社会主义事业的更大胜利》,总结党的十一届三中全会以来14年的实践经验,决定抓住机遇,加快发展;

确定我国经济体制改革的目标是建立社会主义市场经济体制；提出用邓小平同志建设有中国特色社会主义理论武装全党。大会通过《中国共产党章程（修正案）》，将邓小平同志建设有中国特色社会主义的理论和党在社会主义初级阶段的基本路线写入党章。

**10月19日** 中共十四届一中全会选举江泽民为中央委员会总书记，决定江泽民为中央军委主席，批准尉健行为中央纪委书记。

**11月** 海峡两岸关系协会与台湾海峡交流基金会，就解决两岸事务性商谈中如何表述坚持一个中国原则的问题，达成"海峡两岸同属一个中国、共同努力谋求国家统一"的共识，后被称为"九二共识"。

# 一九九三年

**1月13日—19日** 中央军委扩大会议制定新时期积极防御的军事战略方针,要求把军事斗争准备的基点放在打赢现代技术特别是高技术条件下的局部战争上。2004 年 6 月召开的中央军委扩大会议提出,必须明确把军事斗争准备的基点放到打赢信息化条件下的局部战争上。

**2月13日** 中共中央、国务院印发《中国教育改革和发展纲要》。指出,到 20 世纪末,我国要实现基本普及九年义务教育,基本扫除青壮年文盲。

**3月14日—27日** 全国政协八届一次会议举行。会议选举李瑞环为全国政协主席。

**3月15日—31日** 八届全国人大一次会议举行。会议通过的《中华人民共和国宪法修正案》肯定中国正处于社会主义初级阶段,国家实行社会主义市场经济;明确中国共产党领导的多党合作和政治协商制度将长期存在和发展;通过《中华人民共和国澳门特别行政区基本法》《全国人民代表大会关于〈中华人民共和国澳门特别行政区基本法〉的决定》《全国人民代表大会关于设立中华人民共和国澳门特别行政区的决定》。会议选举江泽民为国家主席、国家中央军委主席,乔石为全国人大常委会委员长,决定李鹏为国务院总理。

会议批准国务院机构改革方案,首次明确提出机构改革的重点是转变政府职能。

**4月27日—29日** 海协会会长汪道涵和台湾海基会董事长辜振甫在新加坡举行会谈并签订《汪辜会谈共同协议》等四项协议。这是两岸受权民间机构领导人的第一次会谈。

**7月1日** 国家教委印发《关于重点建设一批高等学校和重点学科点的若干意见》,提出面向21世纪重点建设100所大学和一批重点学科点的计划,简称"211工程"。1998年5月,教育部决定努力建设若干所世界一流大学和一批国际知名的高水平研究型大学,简称"985工程"。

**11月5日** 中共中央、国务院印发《关于当前农业和农村经济发展的若干政策措施》,提出在原定的耕地承包期到期之后,再延长30年不变。

**11月7日** 江泽民在全国统战工作会议上讲话指出,要继续巩固和发展社会主义的民族关系,坚持和完善民族区域自治制度,加快民族地区的经济发展和社会进步;要全面、正确地贯彻执行党的宗教政策,依法加强对宗教事务的管理,积极引导宗教与社会主义社会相适应。

**11月14日** 中共十四届三中全会通过《关于建立社会主义市场经济体制若干问题的决定》,勾画了社会主义市场经济体制的基本框架。指出,社会主义市场经济体制是同社会主义基本制度结合在一起的,建立社会主义市场经济体制,就是要使市场在国家宏观调控下对资源配置起基础性作用。要进一步转换国有企业经营机制,建立适应市场经济要求,产权清晰、权责明确、政企分开、管理科学的现代企业制度。

**11 月 20 日**　江泽民出席在美国西雅图举行的亚太经合组织第一次领导人非正式会议并发表讲话。

**12 月 15 日**　国务院作出《关于实行分税制财政管理体制的决定》，确定从 1994 年 1 月 1 日起改革地方财政包干体制，对各省、自治区、直辖市以及计划单列市实行分税制财政管理体制。2018 年 3 月，中共中央印发《深化党和国家机构改革方案》，改革国税地税征管体制，将省级和省级以下国税地税机构合并，实行以国家税务总局为主与省、自治区、直辖市政府双重领导管理体制。

**12 月 25 日**　国务院作出《关于金融体制改革的决定》。提出，建立在国务院领导下，独立执行货币政策的中央银行宏观调控体系；建立政策性金融与商业性金融相分离，以国有商业银行为主体，多种金融机构并存的金融组织体系；建立统一开放、有序竞争、严格管理的金融市场体系。

**同日**　国务院批转国家税务总局《工商税制改革实施方案》，确定从 1994 年 1 月 1 日起实施建国以来规模最大、范围最广泛、内容最深刻的一次税制改革。

**12 月 26 日**　纪念毛泽东诞辰 100 周年大会举行。江泽民发表讲话，高度评价毛泽东一生的丰功伟绩，强调毛泽东思想永远是中国共产党人的理论宝库和中华民族的精神支柱。

# 一九九四年

**1月11日** 国务院作出《关于进一步深化对外贸易体制改革的决定》。指出,我国外贸体制改革的目标是:统一政策、放开经营、平等竞争、自负盈亏、工贸结合、推行代理制,建立适应国际经济通行规则的运行机制。

**2月28日—3月3日** 国务院召开全国扶贫开发工作会议,部署实施"国家八七扶贫攻坚计划",要求力争在20世纪末最后的7年内基本解决全国8000万贫困人口的温饱问题。

**3月25日** 国务院常务会议通过《中国21世纪议程》,确定实施可持续发展战略。

**7月4日** 国务院常务会议通过《基本农田保护条例》,10月1日起施行。1998年12月24日,国务院常务会议通过修订后的《基本农田保护条例》,自1999年1月1日起施行。

**7月5日** 八届全国人大常委会第八次会议通过《中华人民共和国劳动法》。

**7月20日—23日** 中共中央、国务院召开第三次西藏工作座谈会。会议作出中央政府关心西藏、全国各地支援西藏的重大决策。此后,中央不断采取有力措施加大对西藏现代化发展的支持力度。

**9 月 28 日**　中共十四届四中全会通过《关于加强党的建设几个重大问题的决定》,把党的建设提到新的伟大工程的高度。

# 一九九五年

**1月30日** 江泽民发表《为促进祖国统一大业的完成而继续奋斗》讲话,提出现阶段发展两岸关系、推进祖国和平统一进程的八项主张。

**2月9日** 中共中央制定《党政领导干部选拔任用工作暂行条例》。2002年7月9日,印发在《暂行条例》基础上修订而成的《党政领导干部选拔任用工作条例》。2014年1月14日,印发修订后的《党政领导干部选拔任用工作条例》。2019年3月3日起施行修订后的《党政领导干部选拔任用工作条例》。

**3月18日** 八届全国人大三次会议通过《中华人民共和国教育法》。

**5月6日** 中共中央、国务院作出《关于加速科学技术进步的决定》,确定实施科教兴国战略。

**9月28日** 中共十四届五中全会通过《关于制定国民经济和社会发展"九五"计划和2010年远景目标的建议》。提出,实行经济体制从传统的计划经济体制向社会主义市场经济体制转变,经济增长方式从粗放型向集约型转变这两个具有全局意义的根本性转变。同日,江泽民在全会上讲话,系统阐述了正确处理改革、发展、稳定关系等社会主义现代化建设中的 12 个重大关系。1996 年 3 月 17 日，八届全国人大四次会议批准《中华人民共和国国民经济和社会发展"九五"计划和 2010 年远景目标纲要》。

**11 月 29 日** 第十世班禅转世灵童经金瓶掣签认定，国务院特准坚赞诺布继任第十一世班禅额尔德尼。

**本年** 中国国内生产总值达到 61340 亿元，原定 2000 年比 1980 年翻两番的目标，提前 5 年实现。1997 年，又提前实现人均国内生产总值翻两番的目标。

# 一九九六年

**3月8日—25日** 为显示中国人民完全有决心、有办法、有能力维护祖国统一，震慑"台独"势力，人民解放军向东海、南海进行发射导弹训练，并在东海、南海进行海空实弹演习和在台湾海峡进行陆海空军联合演习。1998年6月30日，美国总统克林顿在访华期间参加与上海市民的座谈时公开重申，美国不支持"台湾独立"，不支持"一中一台""两个中国"，不支持台湾加入任何必须由主权国家才能参加的国际组织。

**3月19日** 中共中央政治局常委会会议专题研究新疆稳定工作。1997年，中央开始从内地省市、国家机关和国有重要企业派出一批骨干力量到新疆工作。此后，对口支援新疆的力度不断加大。

**10月10日** 中共十四届六中全会通过《关于加强社会主义精神文明建设若干重要问题的决议》。指出，社会主义社会是全面发展、全面进步的社会，社会主义现代化事业是物质文明和精神文明协调发展的事业。

# 一九九七年

**1 月 15 日**　中共中央、国务院作出《关于卫生改革与发展的决定》。

**2 月 19 日**　邓小平逝世。

**3 月 14 日**　八届全国人大五次会议决定批准设立重庆直辖市,撤销原重庆市。

**4 月 15 日**　中共中央、国务院印发《关于进一步加强土地管理切实保护耕地的通知》,正式确立土地用途管理制度。2006 年 7 月 13 日,国务院办公厅印发《关于建立国家土地督察制度有关问题的通知》,正式建立国家土地督察制度。

**6 月 4 日**　国家科技领导小组第三次会议决定制定和实施《国家重点基础研究发展规划》。随后,科技部组织实施国家重点基础研究发展计划(又称"九七三计划")。

**6 月 30 日午夜—7 月 1 日凌晨**　中英两国政府香港政权交接仪式在香港举行,宣告中国政府对香港恢复行使主权。中华人民共和国香港特别行政区成立。交接仪式后,举行中华人民共和国香港特别行政区成立暨特区政府宣誓就职仪式。中国人民解放军驻港部队于 7 月 1 日零时开始履行香港防务职责。

**7 月**　在国际游资攻击及资本恐慌性出逃等因素影响

下,亚洲金融危机爆发。12月6日,中共中央、国务院发出《关于深化金融改革,整顿金融秩序,防范金融风险的通知》。

**9月2日** 国务院发出《关于在全国建立城市居民最低生活保障制度的通知》。

**9月12日—18日** 中国共产党第十五次全国代表大会举行。大会通过的报告《高举邓小平理论伟大旗帜,把建设有中国特色社会主义事业全面推向二十一世纪》,着重阐述邓小平理论的历史地位和指导意义;提出党在社会主义初级阶段的基本纲领,明确公有制为主体、多种所有制经济共同发展是我国社会主义初级阶段的一项基本经济制度;强调依法治国,建设社会主义法治国家;明确我国改革开放和现代化建设跨世纪发展的宏伟目标。大会通过《中国共产党章程修正案》,把邓小平理论同马克思列宁主义、毛泽东思想一道确立为党的指导思想并载入党章。

**9月12日** 江泽民在中共十五大报告中宣布:在20世纪80年代裁减军队员额100万的基础上,我国将在今后3年内再裁减军队员额50万。2003年9月1日,江泽民在出席庆祝国防科学技术大学成立50周年大会时宣布:在"九五"期间裁减军队员额50万的基础上,2005年前我军再裁减员额20万。

**9月19日** 中共十五届一中全会选举江泽民为中央委员会总书记,决定江泽民为中央军委主席,批准尉健行为中央纪委书记。

**11月8日** 长江三峡水利枢纽工程成功实现大江截流。2012年7月4日,三峡工程最后一台70万千瓦巨型机组正式交付投产。

**12月24日**　江泽民在会见全国外资工作会议代表时讲话指出，"引进来"和"走出去"，是我们对外开放基本国策两个紧密联系、相互促进的方面，缺一不可，这是一个大战略。

**12月**　中央军委召开扩大会议，提出"打得赢""不变质"两个历史性课题。会议制定国防和军队现代化建设"三步走"的发展战略。

# 一九九八年

**1月** 全国林业计划会议宣布,从1998年起,国家将实施以调减木材产量、保护资源、分流人员、提高效益为主要内容的国有林区天然林保护工程。2000年10月,我国全面实施天然林资源保护工程。

**3月3日—14日** 全国政协九届一次会议举行。会议选举李瑞环为全国政协主席。

**3月5日—19日** 九届全国人大一次会议举行。会议选举江泽民为国家主席、国家中央军委主席,李鹏为全国人大常委会委员长,决定朱镕基为国务院总理。会议批准国务院机构改革方案,决定调整和减少专业经济部门,加强宏观调控和执法监管部门。

**6月9日** 中共中央、国务院发出《关于切实做好国有企业下岗职工基本生活保障和再就业工作的通知》,提出实行在国家政策指导下,劳动者自主择业、市场调节就业和政府促进就业的方针。

**6月中旬—9月上旬** 我国南方特别是长江流域及北方的嫩江、松花江流域出现历史上罕见的特大洪灾。在中共中央、国务院和中央军委领导下,全党全军全国人民团结奋战,取得了抗洪抢险斗争的全面胜利。

**6 月 26 日**　九届全国人大常委会第三次会议通过《中华人民共和国专属经济区和大陆架法》。

**7 月**　中共中央作出决定，军队、武警部队、政法机关一律不再从事经商活动。

**10 月 14 日**　中共十五届三中全会通过《关于农业和农村工作若干重大问题的决定》，提出到 2010 年建设有中国特色社会主义新农村的奋斗目标。

**11 月 21 日**　中共中央印发《关于在县级以上党政领导班子、领导干部中深入开展以"讲学习、讲政治、讲正气"为主要内容的党性党风教育的意见》。到 2000 年底，"三讲"教育基本结束。

**12 月 7 日**　江泽民在中央经济工作会议上讲话，提出扩大国内需求，把经济发展建立在主要依靠国内市场的基础上。

**12 月 14 日**　国务院作出《关于建立城镇职工基本医疗保险制度的决定》。

# 一九九九年

**6月17日** 江泽民在西安主持召开国有企业改革和发展座谈会时讲话指出,实施西部大开发,是一项振兴中华的宏伟战略任务。2000年10月26日,国务院发出《关于实施西部大开发若干政策措施的通知》。

**8月20日** 中共中央、国务院作出《关于加强技术创新,发展高科技,实现产业化的决定》。23日至26日,中共中央、国务院召开全国技术创新大会。

**9月22日** 中共十五届四中全会通过《关于国有企业改革和发展若干重大问题的决定》。

**10月1日** 首都各界庆祝中华人民共和国成立50周年大会、阅兵仪式和群众游行举行。江泽民检阅受阅部队并发表讲话。

**12月19日午夜—20日凌晨** 中葡两国政府澳门政权交接仪式在澳门举行,宣告中国政府对澳门恢复行使主权,中华人民共和国澳门特别行政区成立。交接仪式后,举行中华人民共和国澳门特别行政区成立暨特区政府宣誓就职仪式。中国人民解放军驻澳部队于20日零时开始履行澳门防务职责。

# 二〇〇〇年

**2 月 25 日**　江泽民在广东考察工作听取省委工作汇报时明确提出"三个代表"要求。指出,我们党所以赢得人民的拥护,是因为我们党在革命、建设、改革的各个历史时期,总是代表着中国先进生产力的发展要求,代表着中国先进文化的前进方向,代表着中国最广大人民的根本利益,并通过制定正确的路线方针政策,为实现国家和人民的根本利益而不懈奋斗。5 月 14 日,江泽民在上海主持召开江苏、浙江、上海党建工作座谈会时进一步指出,始终做到"三个代表",是我们党的立党之本、执政之基、力量之源。

**3 月 15 日**　九届全国人大三次会议通过《中华人民共和国立法法》。2015 年 3 月 15 日,十二届全国人大三次会议通过《全国人民代表大会关于修改〈中华人民共和国立法法〉的决定》。

**6 月 13 日**　中共中央、国务院印发《关于促进小城镇健康发展的若干意见》。

**6 月 23 日**　中共中央办公厅印发《深化干部人事制度改革纲要》。2009 年 12 月 3 日,中共中央办公厅印发《2010—2020 年深化干部人事制度改革规划纲要》。

**8 月**　经党中央批准,国务院决定建立"全国社会保障基金"，并设立"全国社会保障基金理事会"。

**10月11日** 中共十五届五中全会通过《关于制定国民经济和社会发展第十个五年计划的建议》。指出，人民生活总体上达到了小康水平，从新世纪开始，将进入全面建设小康社会、加快推进社会主义现代化的新的发展阶段。同日，江泽民在全会上讲话指出，实行经济结构的战略性调整，推动两个根本性转变，保持国民经济持续快速健康发展，这就是新世纪之初我国经济发展的大思路。2001年3月15日，九届全国人大四次会议批准《中华人民共和国国民经济和社会发展第十个五年计划纲要》。

**同日** 江泽民在中共十五届五中全会闭幕后的讲话中结合新疆的历史和现实，全面阐述打击民族分裂势力、宗教极端势力、恐怖势力，维护新疆稳定的各项工作。强调，保持民族地区、边疆地区稳定和发展，是一个很大的政治、很重要的大局，对国家长治久安和社会政治稳定具有十分重要的意义。

**11月8日** 贵州省洪家渡水电站、引子渡水电站、乌江渡水电站扩机工程同时开工建设，我国西电东送工程全面启动。

# 二〇〇一年

**1月8日—9日**　国务院召开全国旅游发展工作会议。4月11日,国务院发出《关于进一步加快旅游业发展的通知》。

**1月10日**　江泽民在全国宣传部长会议上讲话指出,要在全社会大力宣传和弘扬为实现社会主义现代化而不懈奋斗的精神,强调要把依法治国和以德治国紧密结合起来。

**2月9日**　国务院作出《关于2000年度国家科学技术奖励的决定》。自2000年起设立国家最高科学技术奖。

**2月27日**　博鳌亚洲论坛成立大会在海南博鳌举行。2002年4月12日至13日,博鳌亚洲论坛首届年会举行。

**5月24日—25日**　中央扶贫开发工作会议举行。会议指出,党中央、国务院确定的在20世纪末基本解决农村贫困人口温饱问题的战略目标已基本实现。6月13日,国务院印发《中国农村扶贫开发纲要(2001—2010年)》。

**6月15日**　中国、俄罗斯、哈萨克斯坦、吉尔吉斯斯坦、塔吉克斯坦、乌兹别克斯坦6国元首共同签署《上海合作组织成立宣言》,在中国、俄罗斯、哈萨克斯坦、吉尔吉斯斯坦、塔吉克斯坦5国元首会晤机制基础上正式建立上海合作组织,并将我国提出的以互信、互利、平等、协商、尊重多样文明、谋求共同发展为基本内容的"上海精神"写入成立宣言。

2004年1月,上海合作组织秘书处在北京成立。

**6月29日** 青藏铁路开工典礼在青海格尔木和西藏拉萨同时举行。2006年7月1日,青藏铁路全线建成通车。

**7月1日** 江泽民在庆祝中国共产党成立80周年大会上发表讲话,总结党80年来的奋斗业绩和基本经验,阐述了"三个代表"重要思想。强调,改革开放以来,我国的社会阶层构成发生了新的变化,出现了民营科技企业的创业人员和技术人员、受聘于外资企业的管理技术人员、个体户、私营企业主、中介组织的从业人员、自由职业人员等社会阶层。他们也是有中国特色社会主义事业的建设者。

**10月21日** 亚太经合组织第九次领导人非正式会议在上海举行。江泽民主持会议并讲话指出,只有使国际社会的广大成员都受益,经济全球化才能顺利地推进,世界经济才能持续稳定地发展。

**11月10日** 在卡塔尔首都多哈举行的世界贸易组织第四届部长级会议以全体协商一致的方式,审议并通过中国加入世界贸易组织的决定。12月11日,中国正式成为世界贸易组织成员,中国对外开放进入新的阶段。

# 二〇〇二年

**1月10日** 国务院西部开发办公室召开退耕还林工作电视电话会议,确定在过去两年试点工作的基础上,全面启动退耕还林工程。12月14日,国务院发布《退耕还林条例》。

**7月4日** 西气东输一线工程(新疆轮南至上海)开工典礼举行。此后又建设了西气东输二线工程、三线工程。

**9月12日** 江泽民在全国再就业工作会议上讲话,提出就业是民生之本。30日,中共中央、国务院发出《关于进一步做好下岗失业人员再就业工作的通知》,确立了积极就业政策的基本框架。

**10月19日** 中共中央、国务院作出《关于进一步加强农村卫生工作的决定》。到2008年6月底,新型农村合作医疗制度覆盖到全国31个省、自治区、直辖市。

**11月8日—14日** 中国共产党第十六次全国代表大会举行。大会通过的报告《全面建设小康社会,开创中国特色社会主义事业新局面》,提出全面建设小康社会的奋斗目标,阐述全面贯彻"三个代表"重要思想的根本要求。大会通过《中国共产党章程(修正案)》,把"三个代表"重要思想同马克思列宁主义、毛泽东思想、邓小平理论一道确立为党的指导思想并载入党章。

**11 月 15 日**　中共十六届一中全会选举胡锦涛为中央委员会总书记,决定江泽民为中央军委主席,批准吴官正为中央纪委书记。

**12 月 5 日—6 日**　胡锦涛带领中共中央书记处成员到河北省平山县西柏坡学习考察,重温毛泽东关于"两个务必"的重要论述。

**12 月 27 日**　南水北调工程开工典礼在北京人民大会堂和江苏省、山东省施工现场同时举行。2013 年 11 月 15 日,南水北调东线一期工程正式通水。2014 年 12 月 12 日,南水北调中线一期工程正式通水。

# 二〇〇三年

**1月8日** 胡锦涛在中央农村工作会议上讲话指出，必须统筹城乡经济社会发展，把解决好农业、农村和农民问题作为全党工作的重中之重，放在更加突出的位置；要坚持"多予、少取、放活"的方针，发挥城市对农村带动作用，实现城乡经济社会一体化发展。16日，中共中央、国务院发出《关于做好农业和农村工作的意见》。

**3月3日—14日** 全国政协十届一次会议举行。会议选举贾庆林为全国政协主席。

**3月4日** 胡锦涛在参加全国政协十届一次会议少数民族界委员联组讨论时指出，各民族共同团结奋斗、共同繁荣发展是新世纪新阶段民族工作的主题。

**3月5日—18日** 十届全国人大一次会议举行。会议选举胡锦涛为国家主席，江泽民为国家中央军委主席，吴邦国为全国人大常委会委员长，决定温家宝为国务院总理。

**春** 我国遭遇一场过去从未出现过的非典型肺炎重大疫情。全党全国人民在党中央、国务院的坚强领导下，坚持一手抓防治非典，一手抓经济建设，夺取了防治非典工作的重大胜利。7月28日，胡锦涛在全国防治非典工作会议上讲话，提出从长远看要进一步研究并切实抓好经济社会协调发展。

**6月29日** 内地与香港签署《内地与香港关于建立更紧密经贸关系的安排》。

**8月28日—9月1日** 胡锦涛在江西考察工作期间明确提出"科学发展观"这一概念，指出要牢固树立协调发展、全面发展、可持续发展的科学发展观。

**10月5日** 中共中央、国务院印发《关于实施东北地区等老工业基地振兴战略的若干意见》。

**10月14日** 中共十六届三中全会通过《关于完善社会主义市场经济体制若干问题的决定》。明确完善社会主义市场经济体制的主要任务，提出坚持以人为本，树立全面、协调、可持续的发展观，促进经济社会和人的全面发展。

**10月15日—16日** 神舟五号载人飞船成功升空并安全返回，首次载人航天飞行获得圆满成功，中国成为世界上第三个独立掌握载人航天技术的国家。2008年9月27日，神舟七号载人飞船实施宇航员空间出舱活动，中国成为世界上第三个独立掌握空间出舱技术的国家。2012年6月18日、24日，神舟九号载人飞船与天宫一号目标飞行器先后成功进行自动交会对接和航天员手控交会对接。2016年10月17日，神舟十一号飞船发射升空，在轨飞行期间，2名航天员在天宫二号与神舟十一号组合体内开展了为期30天的驻留，完成一系列空间科学实验和技术试验，11月18日成功返回。

**10月17日** 内地与澳门签署《内地与澳门关于建立更紧密经贸关系的安排》。

**12月10日** 中国政府在联合国高级别政治会议上签署《联合国反腐败公约》。2005年10月27日，十届全国人大常委会第十八次会议审议并批准《联合国反腐败公约》。

**12月19日** 胡锦涛在全国人才工作会议上讲话指出，落实好人才强国战略，必须树立适应新形势新任务要求的科学人才观，使我国由人口大国转化为人才资源强国。26日，中共中央、国务院作出《关于进一步加强人才工作的决定》。

**12月31日** 中共中央、国务院印发《关于促进农民增加收入若干政策的意见》。

# 二〇〇四年

**1 月 5 日** 中共中央印发《关于进一步繁荣发展哲学社会科学的意见》。

**3 月 10 日** 胡锦涛在中央人口资源环境工作座谈会上讲话,全面阐述科学发展观的深刻内涵和基本要求。

**3 月 22 日** 国务院印发《全面推进依法行政实施纲要》。

**4 月 27 日** 胡锦涛在会见中央实施马克思主义理论研究和建设工程工作会议全体代表时指出,实施马克思主义理论研究和建设工程是关系党和国家事业发展的战略任务,是加强党的理论建设的重大举措。

**7 月 7 日** 国务院常务会议通过《宗教事务条例》。2017年 6 月 14 日,国务院常务会议通过修订后的《宗教事务条例》。

**7 月 28 日** 中国第一个北极科学考察站——黄河站在挪威斯匹次卑尔根群岛的新奥尔松建成并投入使用。2013年 5 月 15 日,中国成为北极理事会正式观察员。

**8 月 22 日** 纪念邓小平诞辰 100 周年大会举行。胡锦涛发表讲话,高度评价邓小平为民族独立、人民解放和国家富强、人民幸福建立的不朽功勋,强调邓小平理论和"三个代表"重要思想是指引我们胜利前进的伟大旗帜。

**9 月 16 日—19 日** 中共十六届四中全会举行。全会通过《关于加强党的执政能力建设的决定》，同意江泽民辞去中央军委主席职务，决定胡锦涛为中央军委主席。

**11 月 7 日** 中共中央印发《关于在全党开展以实践"三个代表"重要思想为主要内容的保持共产党员先进性教育活动的意见》。2005 年 1 月至 2006 年 6 月，全党开展了这一教育活动。

**11 月 8 日** 中共中央办公厅、国务院办公厅印发《关于进一步加强互联网管理工作的意见》。

**12 月 24 日** 胡锦涛在中央军委扩大会议上讲话，提出新世纪新阶段人民解放军的历史使命：为党巩固执政地位提供重要力量保证，为维护国家发展的重要战略机遇期提供坚强安全保障，为维护国家利益提供有力战略支撑，为维护世界和平与促进共同发展发挥重要作用。

# 二〇〇五年

**1月3日** 中共中央印发《建立健全教育、制度、监督并重的惩治和预防腐败体系实施纲要》。

**2月18日** 中共中央印发《关于进一步加强中国共产党领导的多党合作和政治协商制度建设的意见》。

**2月19日** 国务院印发《关于鼓励支持和引导个体私营等非公有制经济发展的若干意见》，从放宽非公有制经济市场准入、加大对非公有制经济的财税金融支持等方面提出36项政策措施。

**3月5日—14日** 十届全国人大三次会议召开。会议通过《反分裂国家法》，明确国家绝不允许"台独"分裂势力以任何名义、任何方式把台湾从中国分裂出去。会议选举胡锦涛为国家中央军委主席。

**4月27日** 十届全国人大常委会第十五次会议通过《中华人民共和国公务员法》。2018年12月29日，十三届全国人大常委会第七次会议通过新修订的《中华人民共和国公务员法》。

**4月29日** 中共中央总书记胡锦涛在北京同中国国民党主席连战举行正式会谈。会后双方共同发布《两岸和平发展共同愿景》。这是60年来国共两党主要领导人首次会谈。

**5 月 31 日**　中共中央、国务院作出《关于进一步加强民族工作加快少数民族和民族地区经济社会发展的决定》。

**7 月 21 日**　经国务院批准,中国人民银行宣布:自当日起,我国开始实行以市场供求为基础、参考一篮子货币进行调节、有管理的浮动汇率制度。人民币汇率形成更富弹性的汇率机制。

**12 月 23 日**　中共中央、国务院印发《关于深化文化体制改革的若干意见》。

**12 月 29 日**　十届全国人大常委会第十九次会议决定,全国人大常委会于 1958 年 6 月 3 日通过的《中华人民共和国农业税条例》自 2006 年 1 月 1 日起废止。在中国延续两千多年的农业税正式成为历史。

**12 月 31 日**　中共中央、国务院印发《关于推进社会主义新农村建设的若干意见》。指出,要按照"生产发展、生活宽裕、乡风文明、村容整洁、管理民主"的要求,协调推进农村经济建设、政治建设、文化建设、社会建设和党的建设。

# 二〇〇六年

**1月26日** 中共中央、国务院作出《关于实施科技规划纲要增强自主创新能力的决定》,提出增强自主创新能力,努力建设创新型国家。

**1月31日** 国务院印发《关于解决农民工问题的若干意见》。指出,要逐步建立城乡统一的劳动力市场和公平竞争的就业制度,保障农民工合法权益的政策体系和执法监督机制,惠及农民工的城乡公共服务体制和制度。2014年9月12日,国务院印发《关于进一步做好为农民工服务工作的意见》,部署进一步做好新形势下为农民工服务工作,切实解决农民工面临的突出问题,有序推进农民工市民化。

**2月8日** 中共中央印发《关于加强人民政协工作的意见》。

**3月4日** 胡锦涛在参加全国政协十届四次会议民盟、民进界委员联组讨论时讲话,提出社会主义荣辱观。

**4月15日** 中共中央、国务院印发《关于促进中部地区崛起的若干意见》。

**同日** 中共中央台办受权宣布和通报大陆方面将进一步采取的促进两岸交流合作、惠及台湾同胞的15项政策措施。

**7月10日** 胡锦涛在全国统战工作会议上讲话指出,政党关系、民族关系、宗教关系、阶层关系、海内外同胞关系是政治领域和社会领域中涉及党和国家工作全局的一些重大关系，也是统一战线需要全面把握和正确处理的重大关系。

**10月11日**　中共十六届六中全会通过《关于构建社会主义和谐社会若干重大问题的决定》。指出，社会和谐是中国特色社会主义的本质属性，强调要按照民主法治、公平正义、诚信友爱、充满活力、安定有序、人与自然和谐相处的总要求，构建社会主义和谐社会，推动社会建设与经济建设、政治建设、文化建设协调发展。

**11月4日—5日**　中非合作论坛北京峰会举行。峰会通过《中非合作论坛北京峰会宣言》和《中非合作论坛—北京行动计划(2007—2009年)》。

# 二〇〇七年

**3月16日**　十届全国人大五次会议通过《中华人民共和国物权法》和《中华人民共和国企业所得税法》。

**4月14日**　中国成功发射第一颗北斗二号导航卫星,正式开始独立自主建设我国第二代卫星导航系统。2017年11月5日,北斗三号第一、二颗组网卫星以"一箭双星"方式成功发射,标志着北斗卫星导航系统全球组网的开始。这是和美国全球定位系统(GPS)、俄罗斯格洛纳斯系统、欧洲伽利略系统并列的全球卫星导航系统。2018年12月27日,北斗三号基本系统宣告建成,并开始提供全球服务。

**6月3日**　国务院印发《中国应对气候变化国家方案》。这是中国第一部应对气候变化的全面的政策性文件,也是发展中国家颁布的第一部应对气候变化的国家方案。

**7月1日**　胡锦涛在庆祝香港回归祖国10周年大会暨香港特别行政区第三届政府就职典礼上讲话指出,"一国两制"是完整的概念。"一国"和"两制"不能相互割裂,更不能相互对立。"一国"就是要维护中央依法享有的权力,维护国家主权、统一、安全。"两制"就是要保障香港特别行政区依法享有的高度自治权,支持行政长官和特别行政区政府依法施政。

**7 月 10 日** 国务院印发《关于开展城镇居民基本医疗保险试点的指导意见》,旨在逐步建立以大病统筹为主的城镇居民基本医疗保险制度。

**7 月 11 日** 国务院发出《关于在全国建立农村最低生活保障制度的通知》。指出,将符合条件的农村贫困人口全部纳入保障范围,稳定、持久、有效地解决全国农村贫困人口的温饱问题。

**8 月 1 日** 胡锦涛在庆祝中国人民解放军建军 80 周年暨全军英雄模范代表大会上讲话指出,在 80 年的顽强奋斗中,人民解放军培育和形成了优良革命传统,集中起来就是听党指挥、服务人民、英勇善战。2008 年 12 月 24 日,胡锦涛在中央军委扩大会议上讲话,提出忠诚于党、热爱人民、报效国家、献身使命、崇尚荣誉的当代革命军人核心价值观。

**9 月 6 日—8 日** 首届夏季达沃斯论坛在辽宁大连举行。此后,论坛年会在天津、大连轮流举行。

**10 月 15 日—21 日** 中国共产党第十七次全国代表大会举行。大会通过的报告《高举中国特色社会主义伟大旗帜,为夺取全面建设小康社会新胜利而奋斗》,全面阐述科学发展观的科学内涵、精神实质和根本要求,明确科学发展观第一要义是发展,核心是以人为本,基本要求是全面协调可持续,根本方法是统筹兼顾。大会通过《中国共产党章程(修正案)》,把科学发展观写入党章。大会第一次把建设生态文明作为实现全面建设小康社会奋斗目标的新要求提出来。

**10 月 22 日** 中共十七届一中全会选举胡锦涛为中央委员会总书记,决定胡锦涛为中央军委主席,批准贺国强为中央纪委书记。

**10月24日** 中国第一颗绕月探测卫星嫦娥一号发射成功,11月5日进入环月轨道,标志着中国首次月球探测工程取得圆满成功。2010年10月1日,嫦娥二号成功发射。2013年12月2日,嫦娥三号发射成功并于14日在月面成功软着陆。2018年5月21日,嫦娥四号中继星成功发射。2018年12月8日,嫦娥四号探测器成功发射,2019年1月3日,实现世界首次月球背面软着陆,并开展就位探测与巡视探测。

# 二〇〇八年

**1 月 15 日**　胡锦涛在中共十七届中央纪委二次全会上讲话指出,要着力加强以完善惩治和预防腐败体系为重点的反腐倡廉建设。

**3 月 3 日—14 日**　全国政协十一届一次会议举行。会议选举贾庆林为全国政协主席。

**3 月 5 日—18 日**　十一届全国人大一次会议举行。会议批准《国务院机构改革方案》,探索实行职能有机统一的大部门体制。会议选举胡锦涛为国家主席、国家中央军委主席,吴邦国为全国人大常委会委员长,决定温家宝为国务院总理。

**5 月 12 日**　四川汶川发生里氏 8.0 级特大地震。在中共中央、国务院和中央军委坚强领导下,我国组织开展了历史上救援速度最快、动员范围最广、投入力量最大的抗震救灾斗争,夺取了抗震救灾斗争的重大胜利。

**6 月 5 日**　国务院印发《国家知识产权战略纲要》。

**6 月 8 日**　中共中央、国务院印发《关于全面推进集体林权制度改革的意见》,规定林地的承包期为 70 年,承包期届满可以按照国家有关规定继续承包。

**7 月 4 日**　两岸正式开通周末包机直航。

**8 月 1 日**　中国第一条拥有完全自主知识产权、具有世界一流水平的高速铁路——京津城际铁路通车运营。到2018年底,中国高速铁路营业里程超过2.9万公里。

**8月8日—24日、9月6日—17日** 第29届夏季奥运会、第13届夏季残奥会先后在北京成功举办。这是中国首次举办夏季奥运会、残奥会。

**9月14日** 中共中央印发《关于在全党开展深入学习实践科学发展观活动的意见》。2008年9月至2010年2月,全党分批开展了这一活动。

**10月7日** 中共中央政治局常委会会议专题听取有关国际金融危机情况和应采取应对措施的汇报。11月5日,国务院召开常务会议,研究部署进一步扩大内需促进经济平稳较快增长的措施。此前,9月中旬,由2007年美国次贷危机引发的国际金融危机全面爆发。

**10月12日** 中共十七届三中全会通过《关于推进农村改革发展若干重大问题的决定》,赋予农民更加充分而有保障的土地承包经营权,现有土地承包关系要保持稳定并长久不变。

**11月15日** 胡锦涛出席在美国华盛顿举行的二十国集团领导人首次峰会并发表讲话,提出对国际金融体系进行必要的改革。

**12月15日** 海峡两岸分别在北京、天津、上海、福州、深圳以及台北、高雄、基隆等城市同时举行海上直航、空中直航、直接通邮的启动和庆祝仪式。

**12月23日** 中共中央办公厅转发《中央人才工作协调小组关于实施海外高层次人才引进计划的意见》。

**12 月 26 日** 根据联合国安理会有关决议,中国人民解放军海军首批舰船编队赴亚丁湾、索马里海域执行护航任务。这是中国海军首次组织海上作战力量赴海外履行国际人道主义义务、首次在远海保护重要运输线安全。

**12 月 31 日** 胡锦涛在纪念《告台湾同胞书》发表 30 周年座谈会上发表《携手推动两岸关系和平发展,同心实现中华民族伟大复兴》讲话,就推动两岸关系和平发展提出六点意见。

# 二〇〇九年

**2月28日** 十一届全国人大常委会第七次会议通过《中华人民共和国食品安全法》。

**3月17日** 中共中央、国务院印发《关于深化医药卫生体制改革的意见》。指出,实行政事分开、管办分开、医药分开、营利性和非营利性分开,建设覆盖城乡居民的基本医疗卫生制度。

**6月16日** 胡锦涛出席在俄罗斯叶卡捷琳堡举行的金砖国家(中国、俄罗斯、巴西、印度)领导人首次正式会晤并发表讲话。2010年12月,南非作为正式成员加入金砖国家合作机制,金砖国家正式扩为五国。

**6月30日** 台湾当局开放大陆资本赴台投资。8月31日,两岸定期航班正式开通。至此,两岸实现全面、直接、双向"三通"。

**7月22日** 国务院常务会议通过《文化产业振兴规划》,这是继钢铁、汽车、纺织等十大产业振兴规划后出台的又一个重要产业振兴规划,标志着文化产业已经上升为国家的战略性产业。

**9月1日** 国务院印发《关于开展新型农村社会养老保险试点的指导意见》。2011年6月7日,国务院印发《关于开展城镇居民社会养老保险试点的指导意见》。到 2012 年 7 月 1 日,我国基本实现社会养老保险制度全覆盖。

**9 月 18 日**　中共十七届四中全会通过《关于加强和改进新形势下党的建设若干重大问题的决定》。

**10 月 1 日**　首都各界庆祝中华人民共和国成立 60 周年大会、阅兵仪式和群众游行举行。胡锦涛检阅受阅部队并发表讲话。

**12 月 31 日**　国务院印发《关于推进海南国际旅游岛建设发展的若干意见》。2016 年 8 月 8 日,国务院批复《平潭国际旅游岛建设方案》。

# 二〇一〇年

**1月1日** 中国—东盟自由贸易区正式全面启动。2015年12月6日,国务院印发《关于加快实施自由贸易区战略的若干意见》。

**3月14日** 十一届全国人大三次会议通过《关于修改〈中华人民共和国全国人民代表大会和地方各级人民代表大会选举法〉的决定》。由此,全国实行城乡按相同人口比例选举人大代表。

**4月1日** 中共中央、国务院制定《国家中长期人才发展规划纲要(2010—2020年)》。

**4月30日** 2010年上海世界博览会举行开幕式。这是中国首次举办的综合性世界博览会。10月31日,博览会闭幕。

**6月29日** 海峡两岸关系协会与台湾海峡交流基金会在重庆签署《海峡两岸经济合作框架协议》。

**7月8日** 中共中央、国务院印发《国家中长期教育改革和发展规划纲要(2010—2020年)》。

**10月10日** 国务院作出《关于加快培育和发展战略性新兴产业的决定》。

**12月21日** 国务院印发《全国主体功能区规划》。这是新中国成立以来第一个全国性国土空间开发规划。2015 年 8 月 1 日,国务院印发《全国海洋主体功能区规划》。

**本年** 中国国内生产总值超过 40 万亿元,成为世界第二大经济体。

# 二〇一一年

**2月22日—3月5日** 因利比亚国内形势发生重大变化,中国政府分批组织船舶、飞机,安全有序撤离中国在利比亚人员(包括港澳台同胞)35860人。这是新中国成立以来最大规模的有组织撤离海外中国公民行动。

**2月25日** 十一届全国人大常委会第十九次会议通过《中华人民共和国非物质文化遗产法》。

**2月26日** 国务院办公厅发出《关于积极稳妥推进户籍管理制度改革的通知》。指出,要落实放宽中小城市和小城镇落户条件的政策,引导非农产业和农村人口有序向中小城市和建制镇转移,逐步实现城乡基本公共服务均等化。

**3月14日** 十一届全国人大四次会议批准的全国人大常委会工作报告宣布:以宪法为统帅,以宪法相关法、民法商法等多个法律部门的法律为主干,由法律、行政法规、地方性法规等多个层次的法律规范构成的中国特色社会主义法律体系已经形成。

**5月27日** 中共中央、国务院印发《中国农村扶贫开发纲要(2011—2020年)》。

**6月8日** 中共中央办公厅、国务院办公厅印发《关于深化政务公开加强政务服务的意见》。

**7月1日**　胡锦涛在庆祝中国共产党成立90周年大会上讲话指出,经过90年的奋斗、创造、积累,党和人民必须倍加珍惜、长期坚持、不断发展的成就是:开辟了中国特色社会主义道路,形成了中国特色社会主义理论体系,确立了中国特色社会主义制度。

**7月5日**　中共中央、国务院印发《关于加强和创新社会管理的意见》。

**10月18日**　中共十七届六中全会通过《关于深化文化体制改革推动社会主义文化大发展大繁荣若干重大问题的决定》。

# 二〇一二年

**3月3日、9月10日、9月15日、9月21日** 中国先后公布钓鱼岛及其附属岛屿标准名称、领海基线,钓鱼岛及其部分附属岛屿地理坐标,钓鱼岛等岛屿及其周边海域部分地理实体的标准名称及位置示意图。

**4月26日** 第一次中国—中东欧国家领导人会晤在波兰华沙举行。此后,每年举行会晤,现已形成"17+1合作"平台。

**6月27日** 蛟龙号载人潜水器最大下潜深度达到7062米。中国海底载人科学研究和资源勘探能力达到国际领先水平。

**7月6日** 胡锦涛在全国科技创新大会上讲话指出,必须把创新驱动发展作为面向未来的一项重大战略,一以贯之、长期坚持,推动科技实力、经济实力、综合国力实现新的重大跨越。

**7月24日** 海南省三沙市成立大会暨揭牌仪式举行。三沙市管辖西沙群岛、中沙群岛、南沙群岛的岛礁及其海域,三沙市人民政府驻西沙永兴岛。

**8月17日** 中共中央组织部等11个部门联合发出通知,启动国家高层次人才特殊支持计划(简称"国家特支计划"或"万人计划")。

**9 月 25 日** 中国第一艘航空母舰辽宁舰正式交付海军。胡锦涛出席交接入列仪式并登舰视察。

**11 月 8 日—14 日** 中国共产党第十八次全国代表大会举行。大会通过的报告《坚定不移沿着中国特色社会主义道路前进,为全面建成小康社会而奋斗》,确定全面建成小康社会和全面深化改革开放的目标,阐明中国特色社会主义道路、中国特色社会主义理论体系、中国特色社会主义制度的科学内涵及其相互联系。大会通过《中国共产党章程(修正案)》,把科学发展观同马克思列宁主义、毛泽东思想、邓小平理论、"三个代表"重要思想一道确立为党的指导思想并载入党章。

**11 月 15 日** 中共十八届一中全会选举习近平为中央委员会总书记,决定习近平为中央军委主席,批准王岐山为中央纪委书记。

**11 月 29 日** 习近平在国家博物馆参观《复兴之路》展览时指出,实现中华民族伟大复兴,就是中华民族近代以来最伟大的梦想。2013 年 3 月 17 日,习近平在十二届全国人大一次会议闭幕会上讲话指出,实现中华民族伟大复兴的中国梦,就是要实现国家富强、民族振兴、人民幸福。实现中国梦,必须走中国道路、弘扬中国精神、凝聚中国力量。

**12 月 4 日** 中共中央政治局会议通过《十八届中央政治局关于改进工作作风、密切联系群众的八项规定》。

**12 月 29 日** 习近平在考察河北时指出,全面建成小康社会,最艰巨最繁重的任务在农村、特别是在贫困地区。没有农村的小康,特别是没有贫困地区的小康,就没有全面建成小康社会。2013年11月,习近平在考察湖南时提出了"精准扶贫"的理念。2015年11月27日至28日,中央扶贫开发工作会议在北京召开。29日,中共中央、国务院作出《关于打赢脱贫攻坚战的决定》。2016年4月23日,中共中央办公厅、国务院办公厅印发《关于建立贫困退出机制的意见》。2015年以来,习近平先后6次针对扶贫问题召开座谈会,提出"小康不小康,关键看老乡""真扶贫、扶真贫、真脱贫""既要看数量,更要看质量"等要求。2019年4月16日,习近平在解决"两不愁三保障"突出问题座谈会上讲话指出,脱贫攻坚战进入决胜的关键阶段,务必一鼓作气、顽强作战,不获全胜决不收兵。2013年至2018年,中国连续6年超额完成千万减贫任务。6年间,全国累计减少农村贫困人口8239万人,贫困发生率从2012年末的10.2%下降到2018年末的1.7%。

# 二〇一三年

**1月26日** 我国自主研制的运-20大型运输机首次试飞取得圆满成功。2016年7月6日,运-20大型运输机正式列装空军航空兵部队。

**3月3日—12日** 全国政协十二届一次会议举行。会议选举俞正声为全国政协主席。

**3月5日—17日** 十二届全国人大一次会议举行。会议批准《国务院机构改革和职能转变方案》。会议选举习近平为国家主席、国家中央军委主席,张德江为全国人大常委会委员长,决定李克强为国务院总理。

**3月11日** 习近平在出席十二届全国人大一次会议解放军代表团全体会议时讲话指出,建设一支听党指挥、能打胜仗、作风优良的人民军队,是党在新形势下的强军目标。

**3月23日** 习近平在俄罗斯莫斯科国际关系学院发表演讲,强调人类越来越成为你中有我、我中有你的命运共同体,呼吁各国共同推动建立以合作共赢为核心的新型国际关系。2015年9月28日,习近平在纽约联合国总部出席第70届联合国大会一般性辩论并发表讲话,提出携手构建合作共赢新伙伴,同心打造人类命运共同体。2017年1月18日,习近平在日内瓦万国宫出席"共商共筑人类命运共同体"高级别会议并发表主旨演讲,主张共同推进构建人类命运共同体伟大进程,坚持对话协商、共建共享、合作共赢、交流互鉴、绿色低碳,建设一个持久和平、普遍安全、共同繁荣、开放包容、清洁美丽的世界。

**3月25日** 习近平在坦桑尼亚尼雷尔国际会议中心发表演讲,首次提出"真实亲诚"的对非政策理念和正确义利观。

**4月24日** 为适应职能转变新要求,国务院常务会议决定先行取消和下放71项行政审批事项。到2018年底,国务院围绕协同推进简政放权、放管结合、优化服务(简称"放管服")改革,先后取消和下放国务院部门行政审批事项的比例达45%,彻底终结非行政许可审批,清理规范国务院部门行政审批中介服务事项达74%。工商登记前置审批事项压减87%。中央设立的行政事业性收费项目减少73.5%,政府性基金减少30%,政府定价的经营服务性收费项目大幅压缩。部门设置职业资格削减77%。我国营商环境明显改善,营商便利度世界排名明显提升。

**4月25日** 中共中央政治局常委会召开会议,研究当前经济形势和经济工作。习近平主持会议并发表讲话。此后,中央政治局形成制度,原则上每个季度召开会议研究经济形势。十八届中央政治局研究经济形势19次,十九届中央政治局已研究经济形势7次。

**4月26日** 中国成功发射高分辨率对地观测系统首星高分一号。2014年8月19日,高分二号卫星成功发射,标志着我国遥感卫星进入亚米级"高分时代"。2015年12月29

日,高分四号卫星成功发射。2016 年 8 月 10 日,高分三号卫星成功发射。2016 年 12 月 15 日,北极卫星地面站建成并投入试运行。2018 年 5 月 9 日,高分五号卫星成功发射。2018 年 6 月 2 日,高分六号卫星成功发射。

**5 月 9 日** 中共中央印发《关于在全党深入开展党的群众路线教育实践活动的意见》。2013 年 6 月至 2014 年 9 月,全党分两批开展以为民务实清廉为主要内容的党的群众路线教育实践活动,集中整治形式主义、官僚主义、享乐主义和奢靡之风"四风"问题。

**5 月 17 日—18 日** 中央巡视工作动员暨培训会议召开。十八届党中央共开展 12 轮巡视,巡视 277 个党组织,在党的历史上首次实现一届任期内巡视全覆盖。到 2019 年 9 月,十九届党中央已开展 4 轮巡视。

**6 月 28 日** 习近平在全国组织工作会议上讲话,明确提出信念坚定、为民服务、勤政务实、敢于担当、清正廉洁的好干部标准。

**7 月 9 日、16 日** 国务院召开经济形势座谈会,明确提出区间调控思路,即经济运行要保持在合理区间,经济增长率、就业水平等不滑出"下限",物价涨幅等不超出"上限"。此后,在 2014 年、2015 年又相继提出实施定向调控、相机调控和精准调控。

**8 月 17 日** 国务院正式批准设立中国(上海)自由贸易试验区。到 2019 年 8 月,自贸试验区试点由上海逐步扩大至广东、天津、福建、辽宁、浙江、河南、湖北、重庆、四川、陕西、海南、山东、江苏、广西、河北、云南、黑龙江等地。

**8 月 19 日**　习近平在全国宣传思想工作会议上讲话指出,要巩固马克思主义在意识形态领域的指导地位,巩固全党全国人民团结奋斗的共同思想基础。我们正在进行具有许多新的历史特点的伟大斗争,面临的挑战和困难前所未有,必须坚持巩固壮大主流思想舆论,弘扬主旋律,传播正能量,激发全社会团结奋进的强大力量。

**8 月**　习近平在北戴河主持会议研究河北发展问题时提出推动京津冀协同发展。2014 年 2 月 26 日,习近平主持召开座谈会听取京津冀协同发展专题汇报,明确提出实现京津冀协同发展是一个重大国家战略。2015 年 6 月 9 日,中共中央、国务院印发《京津冀协同发展规划纲要》。

**9 月 7 日、10 月 3 日**　习近平分别在哈萨克斯坦纳扎尔巴耶夫大学、印度尼西亚国会发表演讲,先后提出共同建设"丝绸之路经济带"与"21 世纪海上丝绸之路",即"一带一路"倡议。

**9 月 30 日**　《中国(上海)自由贸易试验区外商投资准入特别管理措施(负面清单)(2013 年)》发布。按照"非禁止即开放"原则,清单之外的行业及项目全都开放。这是中国第一次用负面清单管理外商对华投资。此后,负面清单不断缩减。2019 年 6 月 30 日发布的《自由贸易试验区外商投资准入特别管理措施(负面清单)(2019 年版)》,清单条目已由 2013 年的 190 条减至 37 条。

**10 月 21 日**　习近平在欧美同学会成立 100 周年庆祝大会上提出支持留学、鼓励回国、来去自由、发挥作用的新时期留学人员工作方针。

**10 月 24 日**　习近平在周边外交工作座谈会上讲话指出,我国周边外交的基本方针,就是坚持与邻为善、以邻为伴,坚持睦邻、安邻、富邻,突出体现亲、诚、惠、容的理念。外交工作要坚持正确义利观,多向发展中国家提供力所能及的帮助。

**10 月 31 日**　西藏墨脱公路建成通车。至此,我国真正实现县县通公路。

**11 月 5 日**　中共中央印发《中央党内法规制定工作五年规划纲要(2013—2017 年)》。编制中央党内法规制定工作五年规划,这在中国共产党历史上是第一次。2018 年 2 月 9 日,中共中央印发《中央党内法规制定工作第二个五年规划(2018—2022 年)》。

**11 月 12 日**　中共十八届三中全会通过《关于全面深化改革若干重大问题的决定》。指出,全面深化改革的总目标是完善和发展中国特色社会主义制度,推进国家治理体系和治理能力现代化。经济体制改革的核心问题是处理好政府和市场的关系,使市场在资源配置中起决定性作用和更好发挥政府作用。

**11 月 23 日**　中国政府宣布划设东海防空识别区,并发布航空器识别规则公告和识别区示意图。当日,中国空军在识别区内进行首次空中巡逻。

**12 月 11 日**　中共中央办公厅印发《关于培育和践行社会主义核心价值观的意见》。指出,富强、民主、文明、和谐,自由、平等、公正、法治,爱国、敬业、诚信、友善,是社会主义核心价值观的基本内容。

**12 月 12 日**　习近平在中共中央召开的首次城镇化工作

会议上讲话指出,城镇化是现代化的必由之路,推进城镇化既要积极、又要稳妥、更要扎实,方向要明,步子要稳,措施要实。2014 年 3 月 12 日,中共中央、国务院印发《国家新型城镇化规划(2014—2020 年)》。到 2018 年底,全国常住人口城镇化率达 59.58%。

**本年** 中国成为世界第一货物贸易大国,中国货物进出口总额为 4.16 万亿美元。

# 二〇一四年

**1月2日** 中共中央、国务院印发《关于全面深化农村改革加快推进农业现代化的若干意见》。

**1月21日** 国务院印发《国家集成电路产业发展推进纲要》，提出到2030年产业总体达到国际先进水平。

**2月7日** 国务院印发《注册资本登记制度改革方案》。2014年3月至2019年6月，我国累计新设企业达2948.1万户，日均新设企业1.51万户。到2019年6月底，市场主体总量达1.16亿户。

**2月18日** 中共中央总书记习近平在会见中国国民党荣誉主席连战时提出，两岸双方应秉持"两岸一家亲"理念，共圆中华民族伟大复兴的中国梦。

**2月21日** 国务院印发《关于建立统一的城乡居民基本养老保险制度的意见》。

**2月27日** 习近平在中央网络安全和信息化领导小组第一次会议上讲话指出，努力把我国建设成为网络强国，强调要把握好网上舆论引导的时、度、效，使网络空间清朗起来。

**同日** 十二届全国人大常委会第七次会议通过《关于确定中国人民抗日战争胜利纪念日的决定》，将9月3日确定为中国人民抗日战争胜利纪念日；通过《关于设立南京大屠杀死难者国家公祭日的决定》,将 12 月 13 日设立为南京大屠杀死难者国家公祭日。

**3 月 4 日** 习近平在关于农村公路发展情况的报告上作出批示,要求进一步把农村公路建好、管好、护好、运营好。

**3 月 9 日** 习近平在参加十二届全国人大二次会议安徽代表团审议时强调,各级领导干部都要树立和发扬好的作风,既严以修身、严以用权、严以律己,又谋事要实、创业要实、做人要实。2015 年 4 月 10 日,中共中央办公厅印发《关于在县处级以上领导干部中开展"三严三实"专题教育方案》。

**3 月 19 日** 中共中央办公厅、国务院办公厅印发《关于深化司法体制和社会体制改革的意见》。改革的重点是完善司法人员分类管理制度、完善司法责任制、健全司法人员职业保障、推动省以下地方法院检察院人财物统一管理等。

**3 月 24 日** 习近平出席在荷兰海牙举行的第三届核安全峰会并发表讲话,提出"理性、协调、并进"的中国核安全观。

**3 月 28 日** 437 位在韩中国人民志愿军烈士遗骸回归祖国。到 2019 年 4 月,中韩已交接 6 批在韩志愿军烈士遗骸。

**4 月 10 日** 中央军委印发《关于贯彻落实军委主席负责制建立和完善相关工作机制的意见》。2017 年 11 月 2 日,中央军委印发《关于全面深入贯彻军委主席负责制的意见》。

**4 月 15 日** 习近平在中央国家安全委员会第一次会议上讲话指出,要坚持总体国家安全观,以人民安全为宗旨,以政治安全为根本,以经济安全为基础,以军事、文化、社会安全为保障,以促进国际安全为依托,走出一条中国特色国家安全道路。

**5 月 28 日** 习近平在第二次中央新疆工作座谈会上讲话指出，要围绕社会稳定和长治久安这个总目标，坚持依法治疆、团结稳疆、长期建疆，努力建设团结和谐、繁荣富裕、文明进步、安居乐业的社会主义新疆。

**5 月 30 日** 国务院常务会议决定对已出台政策措施落实情况开展第一次全面督查。此后，国务院每年开展大督查。2019 年 4 月 22 日，国务院"互联网+督查"平台正式上线运行。

**7 月 15 日** 金砖国家领导人第六次会晤在巴西举行，决定成立新开发银行并将总部设在中国上海，建立金砖国家应急储备安排。

**7 月 24 日** 国务院印发《关于进一步推进户籍制度改革的意见》。

**8 月 31 日** 十二届全国人大常委会第十次会议通过《关于设立烈士纪念日的决定》，将 9 月 30 日设立为烈士纪念日。

**9 月 5 日** 习近平在庆祝全国人民代表大会成立 60 周年大会上讲话指出，坚定中国特色社会主义制度自信，首先要坚定对中国特色社会主义政治制度的自信，增强走中国特色社会主义政治发展道路的信心和决心。

**9 月 21 日** 习近平在庆祝中国人民政治协商会议成立 65 周年大会上讲话指出，社会主义协商民主，是中国社会主义民主政治的特有形式和独特优势，是中国共产党的群众路线在政治领域的重要体现。在中国社会主义制度下，有事好商量，众人的事情由众人商量，找到全社会意愿和要求的最大公约数,是人民民主的真谛。

**10月15日** 习近平主持召开文艺工作座谈会,强调只有牢固树立马克思主义文艺观,真正做到了以人民为中心,文艺才能发挥最大正能量。

**10月23日** 中共十八届四中全会通过《关于全面推进依法治国若干重大问题的决定》。指出,全面推进依法治国,总目标是建设中国特色社会主义法治体系,建设社会主义法治国家。

**10月30日—11月2日** 全军政治工作会议在福建古田举行。10月31日,习近平在讲话中阐明新的历史条件下党从思想上政治上建设军队的重大问题。12月30日,中共中央转发《关于新形势下军队政治工作若干问题的决定》。

**11月1日** 十二届全国人大常委会第十一次会议通过《关于设立国家宪法日的决定》,将12月4日设立为国家宪法日。

**11月6日** 中共中央办公厅、国务院办公厅印发《关于引导农村土地经营权有序流转发展农业适度规模经营的意见》。2016年10月22日,中共中央办公厅、国务院办公厅印发《关于完善农村土地所有权承包权经营权分置办法的意见》。

**同日** 中国首个知识产权法院——北京知识产权法院挂牌成立。此后,广州、上海知识产权法院相继挂牌成立。

**11月8日** 习近平在北京主持加强互联互通伙伴关系对话会并发表讲话,强调我们要建设的互联互通,应该是基础设施、制度规章、人员交流三位一体,应该是政策沟通、设施联通、贸易畅通、资金融通、民心相通五大领域齐头并进,并宣布中国出资成立丝路基金。

**11月11日** 亚太经合组织第二十二次领导人非正式会议在北京举行。习近平主持会议并发表讲话,倡导共建互信、包容、合作、共赢的亚太伙伴关系。会议决定启动亚太自由贸易区进程。

**11月17日** 上海与香港股票市场交易互联互通机制"沪港通"正式启动。2016年12月、2017年7月、2019年6月又相继启动"深港通""债券通""沪伦通"。

**11月19日—21日** 首届世界互联网大会在浙江乌镇举行。会议确定乌镇为世界互联网大会永久会址。2015年12月16日,习近平在第二届世界互联网大会开幕式上发表主旨演讲,强调网络空间是人类共同的活动空间,呼吁共同构建网络空间命运共同体。

**12月5日** 中共中央决定给予周永康开除党籍处分。党的十八大以来,党中央坚持反腐败无禁区、全覆盖、零容忍,坚定不移"打虎""拍蝇""猎狐",一体推进不敢腐、不能腐、不想腐。十八届中共中央共批准立案审查省军级以上党员干部及其他中管干部440人,严肃查处了周永康、薄熙来、郭伯雄、徐才厚、孙政才、令计划严重违纪违法案件。从党的十九大闭幕至2018年底,先后有77名中管干部被立案审查调查。反腐败斗争取得压倒性胜利。

**12月13日—14日** 习近平在江苏考察工作期间讲话指出,要主动把握和积极适应经济发展新常态,协调推进全面建成小康社会、全面深化改革、全面推进依法治国、全面从严治党。

**12 月 18 日**　中国第一座钠冷快中子反应堆——中国实验快堆首次实现满功率稳定运行 72 小时,标志着我国全面掌握快堆这一第四代核电技术的设计、建造、调试运行等核心技术。

**12 月 31 日**　中共中央办公厅印发《关于加强中央纪委派驻机构建设的意见》。2015 年 11 月 20 日,中共中央办公厅印发《关于全面落实中央纪委向中央一级党和国家机关派驻纪检机构的方案》,实现对中央一级党和国家机关派驻纪检机构全覆盖。2018 年 10 月 21 日,中共中央办公厅印发《关于深化中央纪委国家监委派驻机构改革的意见》。

# 二〇一五年

**1月3日** 国务院作出《关于机关事业单位工作人员养老保险制度改革的决定》。

**1月5日** 中共中央印发《关于加强社会主义协商民主建设的意见》。

**1月6日** 国务院印发《关于促进云计算创新发展培育信息产业新业态的意见》。8月31日，国务院印发《促进大数据发展行动纲要》。

**1月16日** 中共中央政治局常委会召开会议，专门听取全国人大常委会、国务院、全国政协、最高人民法院、最高人民检察院党组工作汇报。这成为实现党中央集中统一领导的一项制度性安排。

**3月7日** 国务院批复设立中国（杭州）跨境电子商务综合试验区。2016年1月、2018年7月，国务院先后批复在天津、北京等34个城市设立跨境电子商务综合试验区。

**3月12日** 习近平在十二届全国人大三次会议解放军代表团全体会议上明确提出，把军民融合发展上升为国家战略。2018年8月11日，中共中央印发《军民融合发展战略纲要》。

**3月13日** 中共中央、国务院印发《关于深化体制机制改革加快实施创新驱动发展战略的若干意见》。2016 年 1 月 18 日，中共中央、国务院印发《国家创新驱动发展战略纲要》。

**3 月 26 日**　中央反腐败协调小组国际追逃追赃工作办公室首次启动针对外逃腐败分子的"天网行动"。4 月 22 日，国际刑警组织中国国家中心局集中公布 100 名涉嫌犯罪外逃国家工作人员、重要腐败案件涉案人等人员的红色通缉令。到 2019 年 9 月，"百名红通人员"已有 60 名落网。

**3 月 28 日**　经国务院授权，国家发展改革委、外交部、商务部联合发布《推动共建丝绸之路经济带和 21 世纪海上丝绸之路的愿景与行动》。

**3 月 29 日**　正在亚丁湾索马里海域执行护航任务的中国海军护航编队临沂舰搭载首批 122 名中国公民，从也门亚丁港安全撤离。到 4 月 7 日，从也门共撤出中国公民 613 人，并协助来自 15 个国家的 279 名外国公民安全撤离。

**5 月 6 日**　中国自主创新、拥有完整自主知识产权的第三代核电技术"华龙一号"首堆示范工程正式落户福清核电并开工建设。

**5 月 8 日**　国务院印发《中国制造 2025》，提出通过"三步走"实现制造强国的战略目标。

**5 月 13 日**　国务院印发《关于推进国际产能和装备制造合作的指导意见》。

**5 月 18 日**　中共中央颁发《中国共产党统一战线工作条例（试行）》。

**6 月 11 日**　国务院印发《关于大力推进大众创业万众创新若干政策措施的意见》，并确定从 2015 年起，每年举办大众创业万众创新活动周。2016 年、2017 年,国务院办公厅确定两批共 120 个双创示范基地。

**7 月 1 日**　十二届全国人大常委会第十五次会议通过《中华人民共和国国家安全法》。

**同日**　国务院印发《关于积极推进"互联网+"行动的指导意见》。

**7 月 6 日**　习近平在中央党的群团工作会议上讲话指出,要下决心纠正机关化、行政化、贵族化、娱乐化,切实保持和增强党的群团工作的政治性、先进性、群众性。

**7 月 31 日**　国际奥委会第 128 次全会在马来西亚吉隆坡投票决定,北京获得第 24 届冬季奥林匹克运动会举办权。

**8 月 11 日**　中国人民银行决定改革完善人民币兑美元汇率中间价报价机制,明确中间价报价参考前一天收盘价。2016 年 2 月,形成"收盘汇率+一篮子货币汇率变化"的人民币兑美元汇率中间价形成机制。

**8 月 24 日**　习近平在中央第六次西藏工作座谈会上讲话指出,必须坚持治国必治边、治边先稳藏的战略思想,坚持依法治藏、富民兴藏、长期建藏、凝聚人心、夯实基础的重要原则,不断增进各族群众对伟大祖国、中华民族、中华文化、中国共产党、中国特色社会主义的认同。

**同日**　中共中央、国务院印发《关于深化国有企业改革的指导意见》。

**8 月 30 日**　中共中央办公厅、国务院办公厅印发《环境保护督察方案(试行)》,正式建立中央生态环境保护督察制度。2019 年 6 月 6 日起,《中央生态环境保护督察工作规定》

施行。

**9月3日**　纪念中国人民抗日战争暨世界反法西斯战争胜利70周年大会和阅兵仪式举行。习近平检阅受阅部队并发表讲话，宣布中国将裁减军队员额30万。

**10月9日**　华阳灯塔和赤瓜灯塔竣工发光仪式在南海华阳礁举行，填补了我国南沙水域民用导助航设施的空白。此后，渚碧灯塔、永暑灯塔和美济灯塔陆续建成发光并投入使用，维护了我国南海主权和海洋权益。

**10月18日**　中共中央颁发《中国共产党廉洁自律准则》和《中国共产党纪律处分条例》。2018年8月18日，中共中央颁发修订后的《中国共产党纪律处分条例》。

**10月24日**　国务院印发《统筹推进世界一流大学和一流学科建设总体方案》。

**10月29日**　中共十八届五中全会通过《关于制定国民经济和社会发展第十三个五年规划的建议》。同日，习近平在全会第二次全体会议上阐述新发展理念，强调坚持创新发展、协调发展、绿色发展、开放发展、共享发展，是关系我国发展全局的一场深刻变革。2016年3月16日，十二届全国人大四次会议批准《中华人民共和国国民经济和社会发展第十三个五年规划纲要》。

**11月7日**　中共中央总书记、国家主席习近平同台湾方面领导人马英九在新加坡会晤，就进一步推进两岸关系和平发展交换意见。这是1949年以来两岸领导人首次会晤，开创两岸领导人直接对话沟通的先河。

**11月23日**　中央军委印发《领导指挥体制改革实施方

案》。2016年2月29日起,全军按新的领导指挥体制运行。

**11月24日** 习近平在中央军委改革工作会议上讲话指出,要全面实施改革强军战略,坚定不移走中国特色强军之路。28日,中央军委印发《关于深化国防和军队改革的意见》。指出,牢牢把握军委管总、战区主战、军种主建的原则,以领导管理体制、联合作战指挥体制改革为重点,协调推进规模结构、政策制度和军民融合深度发展改革。

**11月27日、28日** 《〈内地与香港关于建立更紧密经贸关系的安排〉服务贸易协议》《〈内地与澳门关于建立更紧密经贸关系的安排〉服务贸易协议》分别签署,内地与香港、澳门服务贸易自由化基本实现。

**12月9日** 中央全面深化改革领导小组第19次会议审议通过《中国三江源国家公园体制试点方案》。此后,中央又先后批准大熊猫国家公园、东北虎豹国家公园、海南热带雨林国家公园等国家公园试点。

**12月17日** 中国成功发射暗物质粒子探测卫星"悟空"。

**12月18日** 习近平在中央经济工作会议上强调,推进供给侧结构性改革,是适应和引领经济发展新常态的重大创新。要实行宏观政策要稳、产业政策要准、微观政策要活、改革政策要实、社会政策要托底的总体思路,着力加强结构性改革,在适度扩大总需求的同时,去产能、去库存、去杠杆、降成本、补短板,推动我国社会生产力水平整体改善。

**12月20日** 习近平在中央城市工作会议上讲话指出,要坚持人民城市为人民,尊重城市发展规律,在统筹上下功夫,在重点上求突破,着力提高城市发展持续性、宜居性。24

日,中共中央、国务院印发《关于深入推进城市执法体制改革改进城市管理工作的指导意见》。2016 年 2 月 6 日,中共中央、国务院印发《关于进一步加强城市规划建设管理工作的若干意见》。

**12 月 25 日** 中共中央印发《关于建立健全党和国家功勋荣誉表彰制度的意见》。

**同日** 亚洲基础设施投资银行正式成立。到 2019 年 7 月,亚投行成员数量已从 57 个增至 100 个。

**12 月 31 日** 习近平向中国人民解放军陆军、火箭军、战略支援部队授予军旗并致训词。此后,习近平又先后向东部战区、南部战区、西部战区、北部战区、中部战区授予军旗并发布训令,向武汉联勤保障基地和无锡、桂林、西宁、沈阳、郑州联勤保障中心授予军旗并致训词,接见新调整组建的 84 个军级单位主官并发布训令,向军事科学院、国防大学、国防科技大学等授予军旗并致训词,向武警部队授旗并致训词,向国家综合性消防救援队伍授旗并致训词。

**本年** 中国对外直接投资流量为 1456.7 亿美元,实际利用外资 1356 亿美元,对外投资首超吸引外资,首次成为资本净输出国。

**本年** 中国第三产业增加值比重为 50.5%,首次突破 50%。

# 二〇一六年

**1月3日** 国务院印发《关于整合城乡居民基本医疗保险制度的意见》，提出整合城镇居民基本医疗保险和新型农村合作医疗，建立统一的城乡居民基本医疗保险制度。

**1月5日** 习近平在重庆召开的推动长江经济带发展座谈会上讲话指出，推动长江经济带发展是国家一项重大区域发展战略，要坚持生态优先、绿色发展，共抓大保护、不搞大开发。5月30日，中共中央、国务院印发《长江经济带发展规划纲要》。2018年4月26日，习近平在武汉主持召开深入推动长江经济带发展座谈会，要求在新形势下继续推动长江经济带发展。

**2月16日** 中央军委印发《关于军队和武警部队全面停止有偿服务活动的通知》。

**2月19日** 习近平主持召开党的新闻舆论工作座谈会，指出在新的时代条件下，党的新闻舆论工作要把坚持正确政治方向放在第一位。

**2月24日** 中共中央办公厅印发《关于在全体党员中开展"学党章党规、学系列讲话，做合格党员"学习教育方案》。2017年3月20日，中共中央办公厅印发《关于推进"两学一做"学习教育常态化制度化的意见》。

**3月23日** 澜沧江—湄公河合作首次领导人会议在海南三亚举行,正式启动澜湄合作机制。

**3月24日** 中共中央政治局常委会会议听取关于北京城市副中心和疏解北京非首都功能集中承载地有关情况的汇报,确定疏解北京非首都功能集中承载地新区规划选址并同意定名为"雄安新区"。5月27日,习近平在中共中央政治局会议上讲话指出,建设北京城市副中心和雄安新区两个新城,形成北京新的两翼,是千年大计、国家大事。2017年3月28日,中共中央、国务院发出通知,决定设立河北雄安新区。2019年1月11日,北京市级行政中心正式迁入北京城市副中心,办公区位于通州潞城镇。

**4月19日** 习近平主持召开网络安全和信息化工作座谈会,强调在践行新发展理念上先行一步,让互联网更好造福国家和人民。

**4月22日** 习近平在全国宗教工作会议上讲话指出,积极引导宗教与社会主义社会相适应,一个重要的任务就是支持我国宗教坚持中国化方向。做好党的宗教工作,关键是要在"导"上想得深、看得透、把得准,做到"导"之有方、"导"之有力、"导"之有效,牢牢掌握宗教工作主动权。

**同日** 中国签署气候变化《巴黎协定》。

**4月25日** 习近平在安徽凤阳县小岗村主持召开农村改革座谈会时指出,新形势下深化农村改革,主线仍然是处理好农民和土地的关系。最大的政策,就是必须坚持和完善农村基本经营制度,坚持农村土地集体所有,坚持家庭经营基础性地位,坚持稳定土地承包关系。

**5 月 17 日** 习近平主持召开哲学社会科学工作座谈会，提出要着力构建中国特色哲学社会科学，强调坚定中国特色社会主义道路自信、理论自信、制度自信，说到底是要坚定文化自信，文化自信是更基本、更深沉、更持久的力量。2017 年 3 月 5 日，中共中央印发《关于加快构建中国特色哲学社会科学的意见》。

**6 月 20 日** 中国自主研制的全部采用国产处理器构建的"神威·太湖之光"夺得世界超算冠军。

**6 月 22 日—8 月 12 日** 中国"探索一号"科考船在马里亚纳海域开展首次综合性万米深渊科考活动。其中，"海斗号"无人潜水器最大潜深达 10767 米，中国成为第 3 个研制出万米级无人潜水器的国家。

**7 月 1 日** 习近平在庆祝中国共产党成立 95 周年大会上讲话指出，要永远保持建党时中国共产党人的奋斗精神，永远保持对人民的赤子之心。一切向前走，都不能忘记走过的路；走得再远、走到再光辉的未来，也不能忘记走过的过去，不能忘记为什么出发。面向未来，面对挑战，全党同志一定要不忘初心、继续前进。

**7 月 5 日** 中共中央、国务院印发《关于深化投融资体制改革的意见》，新一轮投融资体制改革全面展开。

**7 月 8 日** 中共中央颁发《中国共产党问责条例》。2019 年 9 月 1 日起施行修订后的条例。

**7 月 12 日** 中国发表《中华人民共和国政府关于在南海的领土主权和海洋权益的声明》。

**7 月 22 日** 首次"1+6"圆桌对话会在北京举行。此后，中国同世界银行、国际货币基金组织、世界贸易组织、国际劳工组织、经济合作与发展组织、金融稳定理事会每年举行一次"1+6"圆桌对话会。

**8月16日** 中国成功发射世界首颗量子科学实验卫星"墨子号"。2017年6月、8月，"墨子号"卫星先后在国际上首次成功实现千公里级卫星和地面之间的量子纠缠分发、量子密钥分发和量子隐形传态。

**8月19日—20日** 全国卫生与健康大会举行。10月17日，中共中央、国务院印发《"健康中国2030"规划纲要》。

**9月3日** 习近平出席在浙江杭州举行的二十国集团工商峰会开幕式并发表主旨演讲，提出建设创新、开放、联动、包容型世界经济，强调全球经济治理应该以平等为基础，更好反映世界经济格局新现实。4日至5日，以"构建创新、活力、联动、包容的世界经济"为主题的二十国集团领导人第十一次峰会在杭州举行，习近平全程主持会议。

**9月25日** 国务院印发《关于加快推进"互联网+政务服务"工作的指导意见》。2018年7月25日，印发《关于加快推进全国一体化在线政务服务平台建设的指导意见》。

**同日** 具有中国自主知识产权的世界最大单口径巨型射电望远镜——500米口径球面射电望远镜（FAST）在贵州平塘落成启动。

**10月1日** 人民币正式加入国际货币基金组织特别提款权货币篮子。

**10月10日** 习近平在全国国有企业党的建设工作会议上讲话指出，要坚持党对国有企业的领导不动摇，坚定不移把国有企业做强做优做大。

**10月21日** 纪念红军长征胜利80周年大会举行。习近平在大会上讲话指出，每一代人有每一代人的长征路，每一代人都要走好自己的长征路。我们这一代人的长征，就是要实现"两个一百年"奋斗目标，实现中华民族伟大复兴的中国梦。要大力弘扬伟大长征精神，在新的长征路上继续奋勇前进。

**10月24日—27日** 中共十八届六中全会举行。全会通过《关于新形势下党内政治生活的若干准则》和《中国共产党党内监督条例》。全会明确习近平总书记党中央的核心、全党的核心地位，号召全党同志紧密团结在以习近平同志为核心的党中央周围，牢固树立政治意识、大局意识、核心意识、看齐意识，坚定不移维护党中央权威和党中央集中统一领导。

**11月1日** 中国自主研制的新一代隐身战斗机歼-20首次公开亮相参加中国珠海国际航展。不久，歼-20开始列装空军作战部队。

**12月2日** 习近平在中央军委军队规模结构和力量编成改革工作会议上强调，要推动我军由数量规模型向质量效能型、由人力密集型向科技密集型转变，部队编成向充实、合成、多能、灵活方向发展，构建能够打赢信息化战争、有效履行使命任务的中国特色现代军事力量体系。

**12月7日** 习近平在全国高校思想政治工作会议上讲话指出，要坚持把立德树人作为中心环节，把思想政治工作贯穿教育教学全过程，实现全程育人、全方位育人。

**12月26日** 中共中央、国务院印发《关于稳步推进农村集体产权制度改革的意见》。

# 二〇一七年

**1 月 17 日** 习近平出席达沃斯世界经济论坛 2017 年年会开幕式并发表主旨演讲,发出支持经济全球化的时代强音,强调经济全球化是社会生产力发展的客观要求和科技进步的必然结果,要适应和引导好经济全球化,消解经济全球化的负面影响,让它更好惠及每个国家、每个民族,实现经济全球化进程再平衡。

**3 月 15 日** 十二届全国人大五次会议通过《中华人民共和国民法总则》。

**4 月 26 日** 中国第一艘自主设计建造的航空母舰出坞下水。

**5 月 5 日** 中国自主研制的 C919 大型客机首飞成功。这是中国首款按照最新国际适航标准研制、具有完全自主知识产权的干线民用飞机。

**5 月 14 日—15 日** 首届"一带一路"国际合作高峰论坛在北京举行。习近平出席开幕式并发表主旨演讲,强调要将"一带一路"建成和平之路、繁荣之路、开放之路、创新之路、文明之路。2019 年 4 月 25 日至 27 日,第二届"一带一路"国际合作高峰论坛在北京举行。习近平出席开幕式并发表主旨演讲,强调要秉持共商共建共享原则,坚持开放、绿色、廉洁理念,努力实现高标准、惠民生、可持续目标,推动共建"一带一路"沿着高质量发展方向不断前进。从 2013 年习近平提出"一带一路"倡议,6 年来,中国同"一带一路"国家贸易总额超过 6 万亿美元,对"一带一路"国家直接投资超过 900 亿美元,"六廊六路多国多港"的互联互通架构基本形成,一大批合作项目落地生根,首届高峰论坛各项成果顺利落实。

**5 月 18 日** 南海神狐海域天然气水合物(又称可燃冰)试采成功。中国成为世界上首个成功试采海域天然气水合物的国家。

**6 月 21 日** 国务院常务会议部署发展分享经济,培育壮大新动能。

**6 月 25 日** 中国标准动车组被命名为"复兴号"并于 26 日投入运行。中国高速动车组技术实现全面自主化。

**6 月 28 日** 中国完全自主研制的新型万吨级驱逐舰首舰下水。

**7 月 1 日** 习近平出席庆祝香港回归祖国 20 周年大会暨香港特别行政区第五届政府就职典礼并发表讲话指出,中央贯彻"一国两制"方针坚持两点:一是坚定不移,不会变、不动摇;二是全面准确,确保"一国两制"在香港的实践不走样、不变形,始终沿着正确方向前进。

**同日** 习近平出席在香港举行的《深化粤港澳合作推进大湾区建设框架协议》签署仪式。建设粤港澳大湾区成为国家战略。2018 年 7 月 12 日,中共中央、国务院印发《粤港澳大湾区发展规划纲要》。

**7 月 8 日** 国务院印发《新一代人工智能发展规划》。

**7月9日**　中国民航局为ARJ21-700飞机颁发生产许可证,这是我国喷气客机首张生产许可证。ARJ21-700新支线飞机是我国首次按照国际民航规章自行研制、具有自主知识产权的中短程新型涡扇支线飞机。

**7月11日**　中国人民解放军驻吉布提保障基地成立。

**7月14日—15日**　全国金融工作会议举行。会议决定设立国务院金融稳定发展委员会。会议围绕服务实体经济、防控金融风险、深化金融改革"三位一体"的金融工作主题作出部署。

**7月28日**　中央军委举行颁授"八一勋章"和授予荣誉称号仪式,习近平向"八一勋章"获得者颁授勋章和证书,向获得荣誉称号的单位颁授奖旗。

**7月30日**　庆祝中国人民解放军建军90周年阅兵在朱日和联合训练基地举行。习近平检阅部队。8月1日,习近平在庆祝中国人民解放军建军90周年大会上讲话指出,党对军队的绝对领导是中国特色社会主义的本质特征,是党和国家的重要政治优势,是人民军队的建军之本、强军之魂。要坚持政治建军、改革强军、科技兴军、依法治军,全面提高国防和军队现代化水平,把人民军队建设成为世界一流军队。

**9月3日—5日**　金砖国家领导人第九次会晤在福建厦门举行。习近平主持会晤并发表讲话,强调要推进经济务实合作,加强发展战略对接,推动国际秩序朝更加公正合理方向发展,促进人文民间交流,共同开启金砖合作第二个"金色十年"。

**10月18日—24日**　中国共产党第十九次全国代表大会

举行。大会通过的报告《决胜全面建成小康社会,夺取新时代中国特色社会主义伟大胜利》,作出中国特色社会主义进入新时代、我国社会主要矛盾已经转化为人民日益增长的美好生活需要和不平衡不充分的发展之间的矛盾等重大政治论断,确立习近平新时代中国特色社会主义思想的历史地位,提出新时代坚持和发展中国特色社会主义的基本方略,确定决胜全面建成小康社会、开启全面建设社会主义现代化国家新征程的目标。大会通过《中国共产党章程(修正案)》,把习近平新时代中国特色社会主义思想同马克思列宁主义、毛泽东思想、邓小平理论、"三个代表"重要思想、科学发展观一道确立为党的指导思想并载入党章。

**10月25日** 中共十九届一中全会选举习近平、李克强、栗战书、汪洋、王沪宁、赵乐际、韩正为中央政治局常委,选举习近平为中央委员会总书记,决定习近平为中央军委主席,批准赵乐际为中央纪委书记。

**11月19日** 国务院作出《关于废止〈中华人民共和国营业税暂行条例〉和修改〈中华人民共和国增值税暂行条例〉的决定》。营业税改征增值税改革全面完成。

**11月30日—12月3日** 中国共产党与世界政党高层对话会在北京举行。12月1日,习近平在出席对话会开幕式发表主旨讲话时指出,不同国家的政党应该增进互信、加强沟通、密切协作,探索在新型国际关系的基础上建立求同存异、相互尊重、互学互鉴的新型政党关系,搭建多种形式、多种层次的国际政党交流合作网络,汇聚构建人类命运共同体的强大力量。

**12月14日** 中共中央作出《关于调整中国人民武装警察部队领导指挥体制的决定》。自2018年1月1日零时起，武警部队由党中央、中央军委集中统一领导，归中央军委建制，不再列国务院序列。

**12月18日—20日** 中央经济工作会议召开。习近平在会议上讲话指出，推动高质量发展是当前和今后一个时期确定发展思路、制定经济政策、实施宏观调控的根本要求，必须加快形成推动高质量发展的指标体系、政策体系、标准体系、统计体系、绩效评价、政绩考核，创造和完善制度环境，推动我国经济在实现高质量发展上不断取得新进展。这次会议总结和阐述了习近平新时代中国特色社会主义经济思想。

**12月30日** 中共中央印发《关于建立国务院向全国人大常委会报告国有资产管理情况制度的意见》。2018年10月，十三届全国人大常委会第六次会议审议了《国务院关于2017年度国有资产管理情况的综合报告》和《国务院关于2017年度金融企业国有资产的专项报告》。这是国务院首次按照"全口径、全覆盖"标准向全国人大常委会报告国有资产管理情况。

# 二〇一八年

**1月2日** 中共中央、国务院印发《关于实施乡村振兴战略的意见》。6月26日,中共中央、国务院印发《乡村振兴战略规划(2018—2022年)》。

**1月3日** 中央军委举行2018年开训动员大会,习近平向全军发布训令。这是中央军委首次统一组织全军开训动员,是人民军队加强新时代练兵备战的一次崭新亮相。

**1月18日—19日** 中共十九届二中全会举行。全会通过《关于修改宪法部分内容的建议》。

**2月26日—28日** 中共十九届三中全会举行。全会通过《关于深化党和国家机构改革的决定》和《深化党和国家机构改革方案》。3月17日,十三届全国人大一次会议批准国务院机构改革方案。2019年7月5日,深化党和国家机构改革总结会议在北京召开。习近平在会议上讲话指出,深化党和国家机构改革是对党和国家组织结构和管理体制的一次系统性、整体性重构,为完善和发展中国特色社会主义制度、推进国家治理体系和治理能力现代化提供了有力组织保障。

**3月3日—15日** 全国政协十三届一次会议举行。会议选举汪洋为全国政协主席。

**3月5日—20日** 十三届全国人大一次会议举行。会议选举习近平为国家主席、国家中央军委主席,栗战书为全国人大常委会委员长,决定李克强为国务院总理。会议通过《中华人民共和国宪法修正案》,确立科学发展观、习近平新时代中国特色社会主义思想在国家政治和社会生活中的指导地位;通过《中华人民共和国监察法》。23 日,中华人民共和国国家监察委员会在北京揭牌。

**3月** 3月以来,针对美国政府单方面挑起的中美经贸摩擦,中国不得不采取有力应对措施,坚决捍卫国家和人民利益。4月1日,国务院关税税则委员会决定,自2018年4月2日起,对原产于美国的 7 类 128 项进口商品中止关税减让义务。4月4日和5日,中国分别就美国对华 301 调查项下征税建议、进口钢铁和铝产品 232 措施,在世贸组织争端解决机制项下向美方提出磋商请求,正式启动世贸组织争端解决程序。此后,针对美国对中国输美商品加征关税的极限施压行为,6月16日、8月8日、9月18日,2019年5月13日、8月23日,国务院关税税则委员会发布公告,对原产于美国的进口商品加征关税。这些是针对美国对中国输美商品加征关税的反制措施。中国政府多次表示,在相互尊重、平等互利的原则基础上进行协商,才是解决贸易分歧的有效途径,任何单边的威胁或讹诈只会导致矛盾激化,损害各方利益。

**4月11日** 中共中央、国务院印发《关于支持海南全面深化改革开放的指导意见》,赋予海南经济特区改革开放新使命,建设自由贸易试验区和中国特色自由贸易港。13 日,习近平在庆祝海南建省办经济特区 30 周年大会上讲话指出,海南要着力打造全面深化改革开放试验区、国家生态文明试验区、国际旅游消费中心、国家重大战略服务保障区，形成更高层次改革开放新格局。

**4月12日**　中央军委在南海海域举行海上阅兵。习近平检阅部队并发表讲话强调，要深入贯彻新时代党的强军思想，坚定不移加快海军现代化进程，努力把人民海军全面建成世界一流海军。

**4月16日**　中华人民共和国退役军人事务部挂牌成立。

**4月27日**　十三届全国人大常委会第二次会议通过《中华人民共和国英雄烈士保护法》。

**5月4日**　纪念马克思诞辰200周年大会举行。习近平发表讲话指出，马克思主义始终是我们党和国家的指导思想，是我们认识世界、把握规律、追求真理、改造世界的强大思想武器。新时代，中国共产党人仍然要学习马克思，学习和实践马克思主义，继续高扬马克思主义伟大旗帜，坚持和发展中国特色社会主义，让马克思、恩格斯设想的人类社会美好前景不断在中国大地上生动展现出来。

**5月18日—19日**　全国生态环境保护大会召开。习近平在大会上讲话提出新时代推进生态文明建设的原则，强调要加快构建生态文明体系。大会总结并阐述了习近平生态文明思想。党的十八大以来，我国加快推进生态文明顶层设计和制度体系建设，相继出台《关于加快推进生态文明建设的意见》《生态文明体制改革总体方案》，制定了40多项涉及生态文明建设的改革方案，从总体目标、基本理念、主要原则、重点任务、制度保障等方面对生态文明建设进行全面系统部署安排。全国人大常委会、最高人民法院、最高人民检察院对环境污染和生态破坏界定入罪标准,加大惩治力度,形成高压态势。同时,推动绿色发展,深入实施大气、水、土壤污染防治三大行动计划,率先发布《中国落实 2030 年可持续发展议程国别方案》,实施《国家应对气候变化规划(2014—2020 年)》,向联合国交存《巴黎协定》批准文书。

**5 月 30 日** 国务院发出《关于建立企业职工基本养老保险基金中央调剂制度的通知》。

**6 月 9 日—10 日** 上海合作组织青岛峰会举行。10 日,习近平主持会议并发表讲话,强调要提倡创新、协调、绿色、开放、共享的发展观,践行共同、综合、合作、可持续的安全观,秉持开放、融通、互利、共赢的合作观,树立平等、互鉴、对话、包容的文明观,坚持共商共建共享的全球治理观,不断改革完善全球治理体系,推动各国携手建设人类命运共同体。

**6 月 15 日** 国务院办公厅发出《关于做好证明事项清理工作的通知》。到 2019 年 4 月底,各地区各部门共取消证明事项 1.3 万多项。

**6 月 22 日—23 日** 中央外事工作会议召开。习近平在会议上讲话指出,把握国际形势要树立正确的历史观、大局观、角色观。当前,我国处于近代以来最好的发展时期,世界处于百年未有之大变局,两者同步交织、相互激荡。要深入分析世界转型过渡期国际形势的演变规律,准确把握历史交汇期我国外部环境的基本特征,统筹谋划和推进外交工作。这次会议总结并阐述了习近平外交思想。

**7 月 3 日** 习近平在全国组织工作会议上讲话强调,新时代党的组织路线是:全面贯彻新时代中国特色社会主义思想,以组织体系建设为重点,着力培养忠诚干净担当的高素质干部,着力集聚爱国奉献的各方面优秀人才,坚持德才兼备、以德为先、任人唯贤,为坚持和加强党的全面领导、坚持和发展中国特色社会主义提供坚强组织保证。

**8月17日—19日** 中央军委党的建设会议在北京召开。习近平讲话指出,要毫不动摇坚持党对军队绝对领导,锻造坚强有力的党组织,锻造高素质干部和人才队伍,深入推进党风廉政建设和反腐败斗争,为实现党在新时代的强军目标、完成好新时代军队使命任务提供坚强政治保证。

**8月21日** 习近平在全国宣传思想工作会议上讲话指出,中国特色社会主义进入新时代,必须把统一思想、凝聚力量作为宣传思想工作的中心环节。做好新形势下宣传思想工作,必须自觉承担起举旗帜、聚民心、育新人、兴文化、展形象的使命任务。

**9月1日** 中共中央、国务院印发《关于全面实施预算绩效管理的意见》。

**9月3日—4日** 中非合作论坛北京峰会举行。习近平主持峰会并在开幕式上发表主旨讲话,提出中非要携手打造责任共担、合作共赢、幸福共享、文化共兴、安全共筑、和谐共生的中非命运共同体。会议通过《关于构建更加紧密的中非命运共同体的北京宣言》和《中非合作论坛—北京行动计划(2019—2021年)》。

**9月10日** 习近平在全国教育大会上讲话指出,教育是国之大计、党之大计,要坚持改革创新,以凝聚人心、完善人格、开发人力、培育人才、造福人民为工作目标,培养德智体美劳全面发展的社会主义建设者和接班人,加快推进教育现代化、建设教育强国、办好人民满意的教育。

**10月20日** 中国自主研制的大型灭火/水上救援水陆两栖飞机 AG600 在湖北荆门漳河机场成功实施首次水上试飞任务。

**10月23日** 世界上最长的跨海大桥——港珠澳大桥开通仪式在广东省珠海市举行。习近平出席仪式。

**10月28日** 中共中央印发《中国共产党支部工作条例(试行)》。

**11月1日** 习近平在主持召开民营企业座谈会时讲话指出,我们强调把公有制经济巩固好、发展好,同鼓励、支持、引导非公有制经济发展不是对立的,而是有机统一的。各级党委和政府要把构建亲清新型政商关系的要求落到实处,把支持民营企业发展作为一项重要任务。在我国经济发展进程中,要不断为民营经济营造更好发展环境。

**11月5日—10日** 首届中国国际进口博览会在上海举行。5日,习近平出席开幕式并发表主旨演讲时指出,中国国际进口博览会是迄今为止世界上第一个以进口为主题的国家级展会,是中国推动建设开放型世界经济、支持经济全球化的实际行动;宣布增设中国(上海)自由贸易试验区的新片区、在上海证券交易所设立科创板并试点注册制、支持长江三角洲区域一体化发展并上升为国家战略。

**12月8日** 中共中央、国务院印发《中国教育现代化2035》。

**12月18日** 庆祝改革开放40周年大会举行。习近平在大会上讲话指出,改革开放是党和人民大踏步赶上时代的重要法宝,是坚持和发展中国特色社会主义的必由之路,是决定当代中国命运的关键一招,也是决定实现"两个一百年"奋斗目标、实现中华民族伟大复兴的关键一招。大会向 100 名获改革先锋称号的同志和 10 名获中国改革友谊奖章的国际友人颁授奖章。

# 二〇一九年

**1月2日** 《告台湾同胞书》发表40周年纪念会举行。习近平在纪念会上发表《为实现民族伟大复兴、推进祖国和平统一而共同奋斗》讲话,全面阐述立足新时代、在民族复兴伟大征程中推进祖国和平统一的五项重大政策主张:第一,携手推动民族复兴,实现和平统一目标;第二,探索"两制"台湾方案,丰富和平统一实践;第三,坚持一个中国原则,维护和平统一前景;第四,深化两岸融合发展,夯实和平统一基础;第五,实现同胞心灵契合,增进和平统一认同。

**1月4日** 中央军委军事工作会议在北京召开。习近平讲话指出,全军要深入贯彻新时代军事战略方针,在新的起点上做好军事斗争准备工作,坚决完成党和人民赋予的使命任务。

**1月27日** 国务院印发《关于在市场监管领域全面推行部门联合"双随机、一公开"监管的意见》。9月6日,国务院印发《关于加强和规范事中事后监管的指导意见》。

**1月31日** 中共中央印发《关于加强党的政治建设的意见》。

**3月1日** 2019年春季学期中央党校(国家行政学院)中青年干部培训班开班。习近平在开班式上发表讲话强调,培养选拔优秀年轻干部是一件大事,关乎党的命运、国家的命运、民族的命运、人民的福祉,是百年大计。

**3 月 15 日** 十三届全国人大二次会议通过《中华人民共和国外商投资法》,自 2020 年 1 月 1 日起施行。

**3 月 18 日** 习近平主持召开学校思想政治理论课教师座谈会时讲话强调,办好思想政治理论课,最根本的是要全面贯彻党的教育方针,解决好培养什么人、怎样培养人、为谁培养人这个根本问题。关键在发挥教师的积极性、主动性、创造性。推动思想政治理论课改革创新,要不断增强思政课的思想性、理论性和亲和力、针对性。

**3 月 19 日** 中共中央办公厅印发《公务员职务与职级并行规定》,自 6 月 1 日起施行。

**3 月 30 日** 中国首个行政区域 5G 网络在上海建成并开始试用。6 月 6 日,工业和信息化部向 4 家运营商颁发 5G 牌照,中国通信行业进入 5G 时代。

**4 月 23 日** 庆祝人民海军成立 70 周年海上阅兵活动在青岛举行。习近平出席并检阅舰队。来自 61 个国家的海军代表团、来自 13 个国家的 18 艘舰艇远涉重洋,汇聚黄海,共贺中国海军华诞。

**4 月 28 日** 2019 年中国北京世界园艺博览会开幕式举行,习近平出席并发表《共谋绿色生活,共建美丽家园》讲话。

**4 月 30 日** 纪念五四运动 100 周年大会举行。习近平在大会上讲话指出,五四运动孕育了以爱国、进步、民主、科学为主要内容的伟大五四精神,其核心是爱国主义精神。新时代中国青年运动的主题,新时代中国青年运动的方向,新时代中国青年的使命,就是坚持中国共产党领导,同人民一道,为实现"两个一百年"奋斗目标、实现中华民族伟大复兴的中国梦而奋斗。

**5月9日** 中共中央、国务院印发《关于建立国土空间规划体系并监督实施的若干意见》。

**5月15日—22日** 首届亚洲文明对话大会在北京举行。习近平在开幕式上发表《深化文明交流互鉴,共建亚洲命运共同体》主旨演讲,呼吁坚持相互尊重、平等相待,美人之美、美美与共,开放包容、互学互鉴,与时俱进、创新发展,共同创造亚洲文明和世界文明的美好未来。

**5月31日** "不忘初心、牢记使命"主题教育工作会议召开。习近平在会议上讲话指出,要牢牢把握守初心、担使命,找差距、抓落实的总要求,牢牢把握深入学习贯彻新时代中国特色社会主义思想、锤炼忠诚干净担当的政治品格、团结带领全国各族人民为实现伟大梦想共同奋斗的根本任务,努力实现理论学习有收获、思想政治受洗礼、干事创业敢担当、为民服务解难题、清正廉洁作表率的具体目标,确保这次主题教育取得扎扎实实的成效。

**6月4日** 中共中央发出关于印发《习近平新时代中国特色社会主义思想学习纲要》的通知。

**6月20日—21日** 习近平对朝鲜民主主义人民共和国进行国事访问。在平壤同朝鲜劳动党委员长、国务委员会委员长金正恩会谈,双方一致同意,在新的历史起点上,中朝双方愿不忘初心、携手前进,共同开创两党两国关系的美好未来。

**6月30日** 中央组织部最新党内统计数据显示,到2018年底,中国共产党党员总数为9059.4万名,比1949年新中国成立时的448.8万名增长约19倍。党的基层组织461.0万个。

**7月9日** 中央和国家机关党的建设工作会议召开。习近平在会议上讲话指出,新形势下,中央和国家机关要以党的政治建设为统领,着力深化理论武装,着力夯实基层基础,着力推进正风肃纪,全面提高中央和国家机关党的建设质量,在深入学习贯彻党的思想理论上作表率,在始终同党中央保持高度一致上作表率,在坚决贯彻落实党中央各项决策部署上作表率,建设让党中央放心、让人民群众满意的模范机关。

**8月9日** 中共中央、国务院印发《关于支持深圳建设中国特色社会主义先行示范区的意见》。

**9月3日** 2019年秋季学期中央党校(国家行政学院)中青年干部培训班开班。习近平在开班式上发表讲话指出,广大干部特别是年轻干部要经受严格的思想淬炼、政治历练、实践锻炼,发扬斗争精神,增强斗争本领。凡是危害中国共产党领导和我国社会主义制度的各种风险挑战,凡是危害我国主权、安全、发展利益的各种风险挑战,凡是危害我国核心利益和重大原则的各种风险挑战,凡是危害我国人民根本利益的各种风险挑战,凡是危害我国实现"两个一百年"奋斗目标、实现中华民族伟大复兴的各种风险挑战,只要来了,我们就必须进行坚决斗争,而且必须取得斗争胜利。

**9月12日** 习近平在视察中共中央北京香山革命纪念地时指出,我们缅怀这段历史,就是要继承和发扬老一辈革命家"宜将剩勇追穷寇,不可沽名学霸王"的革命到底精神,坚持立党为公、执政为民的革命情怀,谦虚谨慎、不骄不躁、艰苦奋斗的优良作风。历史充分证明,中国共产党和中国人民不仅善于打破一个旧世界,而且善于建设一个新世界。展望未来,中国的发展前景无限美好。

**9 月 17 日** 习近平签署主席令,根据全国人大常委会关于授予国家勋章和国家荣誉称号的决定,授予 42 人国家勋章、国家荣誉称号。其中"共和国勋章"8 人,"友谊勋章"6 人,国家荣誉称号 28 人。

**9 月 20 日** 中央政协工作会议暨庆祝中国人民政治协商会议成立 70 周年大会召开。习近平出席大会并发表讲话强调,人民政协是中国共产党把马克思列宁主义统一战线理论、政党理论、民主政治理论同中国实际相结合的伟大成果,是中国共产党领导各民主党派、无党派人士、人民团体和各族各界人士在政治制度上进行的伟大创造。新时代加强和改进人民政协工作,要把坚持和发展中国特色社会主义作为巩固共同思想政治基础的主轴,把服务实现"两个一百年"奋斗目标作为工作主线,把加强思想政治引领、广泛凝聚共识作为中心环节,坚持团结和民主两大主题,提高政治协商、民主监督、参政议政水平,更好凝聚共识,把人民政协制度坚持好、把人民政协事业发展好,担负起把党中央决策部署和对人民政协工作要求落实下去、把海内外中华儿女智慧和力量凝聚起来的政治责任,为决胜全面建成小康社会、进而全面建设社会主义现代化强国作出贡献。

责任编辑:郑仲书

**图书在版编目(CIP)数据**

中华人民共和国大事记:1949年10月—2019年9月/中共中央党史和
　文献研究院 编. —北京:人民出版社,2019.9
　ISBN 978－7－01－021391－0

Ⅰ.①中… Ⅱ.①中… Ⅲ.①中国历史-现代史-大事记-1949—
　2019 Ⅳ.①K270.6

中国版本图书馆 CIP 数据核字(2019)第 212744 号

**中华人民共和国大事记**
ZHONGHUA RENMIN GONGHEGUO DASHIJI
(1949 年 10 月—2019 年 9 月)

中共中央党史和文献研究院　编

**人民出版社** 出版发行
(100706　北京市东城区隆福寺街 99 号)

北京盛通印刷股份有限公司印刷　　新华书店经销

2019 年 9 月第 1 版　2019 年 9 月北京第 1 次印刷
开本:635 毫米×927 毫米 1/16　印张:10.5
字数:110 千字　印数:00,001-80,000 册

ISBN 978－7－01－021391－0　定价:28.00 元

邮购地址 100706　北京市东城区隆福寺街 99 号
人民东方图书销售中心　电话 (010)65250042　65289539